Yarının Çocukları

21. Yüzyılda
Mutlu Çocuklar Yetiştirmek İçin Temel Esaslar

Yazar

MICHAEL LAITMAN

LAITMAN
KABBALAH
PUBLISHERS

ISBN: 978-1-77228-083-8
© Laitman Kabbalah Publishers

YAZAR : **Kabalist Dr. Michael Laitman**
ÇEVİRİ: Laitman Kabbalah Publishers

www.kabala.info.tr

Kapak: Laitman Kabbalah Publishers Basım Tarihi: 2023

İçindekiler

Önsöz 6

KISIM BİR
YENİ BİR NESİL 11
   İlerlemek 13
   Yeni Bir Metot 21

KISIM İKİ
EĞİTİMİN PRENSİPLERİ 33
   Çevre Kişiyi Oluşturur 35
   Doğa ile Denge 43
   Örnek 61
   Oyunlar 67
   Çocuğa "Onun Yoluyla" Öğret 77

KISIM ÜÇ
EVDE 91
   Ebeveynler ve Çocuklar Arasında 93
   Kardeşler Arasında 99
   Ebeveynler 103
   Aile içinde 107

KISIM DÖRT
OKUL 115
   Eğitim Sistemi 117

"Yeni hiçbir şey yaratmıyoruz. Bizim işimiz sadece içimizde saklı olanı aydınlatmaktır."

Kotzk'lu Menahem Mendel

Önsöz

Önsöz

Her birimizin içinde, en derindeki yerden bize seslenen bir kıvılcım bulunur. Günlük yaşamın harala gürelesi kafalarımızı bulanıklaştırmış olabilir. Fakat her seferinde çocuklarımıza baktığımızda, o kıvılcım karanlıktan çıkar ve kalplerimizin derinliklerine dokunur. Bir an için, bir zamanlar farklı olduğumuzu bize hatırlatır. O zamanlar rüyalarımız vardı ve dünyayı farklı gözlerle görüyorduk, daha basit, daha gerçek, daha saf ve daha anlayışlı.

Bugün, hemen yanı başımızda yeni bir nesil yetişiyor ve bu nesil burada olanla yetinmeye istekli değil, hele burada olmuş olanla kesinlikle değil. Bu nesil, o kıvılcımın söndürülmesine izin vermeyecektir. Hayatın ne için olduğunu bilmek, anlamak ve keşfetmek isteyen bir nesildir. Onlar, çocuklarımız, biz onlara gerçek bir şeyler, kalplerini besleyecek bir şeyler getirene kadar rahat etmeyecekler.

Yarının Çocukları, ilham verici, ancak üzücü de olan alıntı yazılardan oluşur. Bu alıntılar, Kabalist Dr. Michael Laitman'ın psikologlar, eğitimciler, ebeveynler ve çocuklar ile yaptığı konuşmalardan derlenmiştir. Bu yazıların biraradalığı, Kabala bilgeliğine dayanan ve bu nesil için tasarlanmış, derin ve geniş kapsamlı bir eğitim metoduna dair bir tat sunar.

Bu kitap, kalpleri eğitime hevesli olanlara, çocukları için daha aydınlık bir gelecek görmeyi arzulayan ebeveynlere, ufuklarını genişletmeyi dileyen öğretmen ve eğitmenlere ve kalbi hâlâ içindeki çocuğu bir nebze de olsa hisseden herkese yeni bir ışık sağlayacaktır.

Kısım Bir
Yeni Bir Nesil

BÖLÜM BİR
İlerlemek

Maddenin Ötesinde

Bir nesil gelecek ki,
Bilgi dünyasına,
Güçler dünyasına,
Maddenin ötesinde mevcut olana,
Ve "manevi dünya" denilene doğru,
Bu dünyadan özgürleşmek için gerçekten can atacak.
Pek yakında bu nesli görmeyi umut ediyoruz.

İnsan Olma İhtiyacı

*Bugün,
Henüz anlamasak da,
İlk kez
Hissediyoruz ki,
Genç nesil,
İçindeki "insanı"
Geliştirme
İhtiyacını
Keşfediyor.*

Farklı Frekansta

Bu nesil özeldir.
Daha önceki nesillerle karşılaştırıldığında,
Farklı bir frekansa ayarlıdır.
Çünkü alıcısı farklıdır.

Özel Bir Nesil

Genç nesil,
Farklı nitelikte,
Tamamen farklı ruhlardır.

Daha yüksek, daha manevi olan dünyayı hissetmeyi
Gerçekten isterler.
Bugünün çocukları bunun için yapılandırılmışlardır.

Eğer onlarla çalışmaya bir başlarsak,
Onların bizi
İleriye, içeriye,
Bilgeliğin çok geniş alanlarına doğru
Çektiğini çabucak hissedeceğiz.

İlerlemek

Kendimizi Genç Nesle Uyumlandırmak

Çocukların kalplerine dokunmak için,
Daha yaşlı nesilden gelen bizler,
Temelde onlardan ne kadar farklı olduğumuzu
Fark etmeliyiz.

Bizi sevmeliler,
Ve biz değişmeden,
Bizi olduğumuz gibi
Kabul etmeliler diye
Düşünmemeliyiz.
Aksine,
Mümkün olduğu kadar,
Kendimizi onlara uyumlandırmak için
Biz gayret etmeliyiz.

Yarının Çocukları

Çocuklara Yetişkinlermiş Gibi Davranmak

Bugünün çocukları,
Gelişim için
İçsel hazırlıklarında
Aslında olgundurlar.
Ve biz onlara olgunlarmış gibi davranmalıyız.

Gerçek Neşeyi Aramak

Genç nesle bakın.
Her şeye sahipler!
Fakat tatminsizler.
Neden uyuşturuculara yöneliyorlar?
Çünkü bizimki gibi bir yaşamdan zevk almıyorlar.

Nesil Ayrılığı

Günümüz neslinde ruhların yenilenmesi durumu,
Gençlere,
Yetişkinlerden öğrenecek hiçbir şeyleri yokmuş gibi hissettirir.
Gerçekten de ne öğrenebilirler ki,
Onlara,
"Sabah kalk,
İşe git,
İyi ol,
Evlen,
Çocuk sahibi ol,
Ve her şey yolunda olacak,"
Diyen insanlardan.

BÖLÜM İKİ
Yeni Bir Metot

Ruh Üzerine Odaklan

Bugünün genç insanı çok daha kaliteli bir eğitime ihtiyaç duyuyor.

şu anki eğitimimiz bu kaliteyi sağlayamıyor.

Çocuklar beden olarak küçük olabilirler, "Ne biliyorlar?" diyebilirsiniz,

Ancak düşünmemiz gereken onların ruhlarıdır.

Temel Bir Değişim

Genç nesil global bir arzu ile gelişiyor.
Global bir dünyaya aitler.
Onlara artık eski tavırlarla yaklaşamayız,
Dolayısıyla eğitim sistemimizi
Tepeden tırnağa
Değiştirmemiz gerekecek.

Onların eğitimi, günümüzde beliren yeni ruhlara uygun olmalıdır,
Zorlamadan,
İnsanın özüne dair bir açıklama yaparak olmalıdır.
Sadece bu yaklaşım başarılı olacaktır.

Yaşamın Özünü Açıklamak

Davranış kurallarını öğretmekle
Eğitim bitmez.
Aksine, eğitim, yaşamın özüne dair bir açıklama,
Kişinin ruhunun niteliklerini fark etmeye dair bir yol olmalıdır.

Eğitimimizdeki Sorun

Eğitimimizdeki sorun,
Çocukları insan olmaları için
Yapılandırmamamızdır.

Onlara bilgi veriyoruz,
Ama onları kelimenin tam anlamıyla eğitmiyoruz.

"Eğitmek" demek,
Çocuklara kendileri ile ve başkaları ile
Nasıl doğru bir şekilde ilişki kuracaklarını,
Nasıl tam bir insan olacaklarını
Öğretmek demektir.

Yeni Bir Metot

Bunun yerine,
Onlara teknik bilgiler veriyoruz:
Nasıl vida sıkılır, bilgisayarla nasıl çalışılır,
Biraz bilim,
Ve onları kendi yollarına yolluyoruz.

Hayatlarını nasıl doğru bir şekilde yaşayacaklarını
Çocuklara öğretmiyoruz.
Bu nedenle, gerçekten mutsuz bir nesille
Yüz yüzeyiz.

İnsan Krizi

Bugün insanlar doğaya dair keşifler yapamıyorlar. Çünkü doğayı çerçevelere ve kutulara ayırdık. Her insanın makinede bir cıvata olduğu noktaya geldik. Hangi işin peşinden koşacağımızı, daha fazla para kazanmak için ne okuyacağımızı biliyoruz. Çabamız hep bunun için.

Ancak bitmek bilmeyen bir şekilde mutluluğu kovalamak, bizi mutlu etmiyor. Aksine, bilimde, eğitimde, kültürde ve bütün insan uğraşılarında bir kriz içindeyiz. Durum böyle çünkü biz insan yetiştirmiyoruz.

Umalım ki içinde bulunduğumuz bu kriz, bizim hatamızın ve birbirimize karşı olan kötü tutumumuzun son bulmasına dair bir başlangıç olsun.

Ruhun İhtiyacı Olanı Öğretmek

Çocuklara ruhlarının bugün almayı istediği her şeyi verdiğimiz takdirde, hiperaktivite rahatsızlıklarının yok olacağı neredeyse kesindir.

Çocukları, geçmiş nesillerden miras alınan ve yaşam için artık ihtiyaç duymadıkları çalışma konularıyla "doldurmayı" durdurmalıyız.

Tüm Yeni Nesil Tamamen Yeni Bir Doyum Arıyor

Bu nesil farklı bir doyuma ihtiyaç duymaktadır.
Bu davranışa
"Hiperaktif rahatsızlık" diyoruz,
Ancak bu, "Hiper" değil,
Sadece "aktif."
İçsel ihtiyaçların
Gerek duyduğu kadar
Aktif.

Onların Patlamalarıyla Uyum İçinde

Eğitim sistemlerini bütün seviyelerde ve tüm yaş grupları için yeniden yapılandırmalıyız ki böylece çocuklar kendilerini iyi hissetsinler, özgürce ve keyifle gelişsinler ve patlayan egolarıyla uyum içinde yaşasınlar.

Çocukları engellememeliyiz. Aksine, onların patlamaları, egoları ve enerjileri ile "uyum içinde" olmak için bir yol bulmalıyız.

Karanlıkta Yaşamak

Bizler insan olmak üzere yetiştirilmedik.
Nasıl oluşturulduğumuz asla bize söylenmedi:
Arzularımız,
Niteliklerimiz,
Ne bizi yönetir,
Nerede seçim özgürlüğümüz var, nerede yok.
Kolektif için ve bireyler için olan yasalar
Ve bunların nasıl geliştiği,
Asla bize öğretilmedi.

Kendimiz hakkında
Ya da çevre hakkında
Hiçbir şey bilmiyoruz.
Yaşamlarımızın benzediği şey şu:
Karanlıkta yaşamak.

Sadece Bir Nesli Doğru Şekilde Eğitmek

Eğer sadece bir nesli doğru şekilde yetiştirirsek,
Eğer bugünün çocuklarına ihtiyaçları olanı verirsek,
Küçük ölçüde bile olsa,
Onlar bunu bir sonraki nesle aktaracaklardır.

Sonraki nesiller,
Artık düşüşte değil,
Yükselişte olacaktır.

Aksi takdirde,
Bir sonraki nesil
Umutsuzluğa ve uyuşturuculara gömülecektir.
Çocuklarımız için ne yazık.

Tamamen Mutlu

Eğer çocukları doğru şekilde
Yetiştirirsek,
Bundan on yıl sonra,
Çok farklı bir nesil göreceğiz.

Çocuklar ne tür bir dünya içinde yaşadıklarını
Bilecekler
Ve her hareketlerinin
Sonuçlarını
Anlayacaklar.

Sonuç olarak,
Kendi hareketlerini,
Düşüncelerini,
Niyetlerini,
Ve ilişkilerini
Öyle iyi ve doğru bir şekilde
Oluşturacaklar ki
Tamamen mutlu olacaklar.

Kısım İki
Eğitimin Prensipleri

BÖLÜM BİR
Çevre Kişiyi Oluşturur

Yarının Çocukları

Çocukların bugün içinde bulundukları çevre, onların yarın ne olacağını belirler.

Bu yüzden onlara olumlu örnekler vermeliyiz. Filmler çevirmeli, hikâyeler yazmalı ve benzeri şeyler yapmalıyız.

Çocukların onlara iletmeyi arzuladığımız örnekleri yavaş yavaş içlerine almaları için tek yol budur ve karşılığında, bu örnekler onların kişiliklerini oluşturacaktır.

Bir Toplum Kurmak

Doğru eğitim demek,
Kişinin etrafında,
Çevre ile doğru ilişkileri daima teşvik eden
Bir toplum kurmak
Demektir.

Çevremiz Tarafından Eğitildik

En önemli şey, öğretmenler ya da ders kitapları değildir: çevremiz tarafından eğitildik.

Bu yüzden, okullarda yapılanması esas olan şey, çocuklar için iyi bir sosyal çevredir. Böyle bir çevrede, her çocuk kendini, diğer çocuklarla dost olmaya, onlara olumlu ve yardımcı bir tavırla destek olmaya adanmış hisseder.

Böylece, bizim doğal niteliklerimiz – kıskançlık, tutkular, onur peşinde koşmak, rekabetçilik – sadece çocukları destekleyici unsurlar olacaktır. Çünkü onlar topluma karşı bir duyarlılık geliştirecekler ve böylelikle, doğru yönde gelişeceklerdir.

Sadece Çevre

Çocuklar çevreleri tarafından eğitilmelidirler. Onlarla tartışmaya girmeye, onlara ne yapmaları gerektiğini söylemeye ya da onların davranışları üzerine yorum yapmaya bile gerek duymamalıyız.

İhtiyacımız olan tek şey, onların çevre sayesinde doğru şekilde gelişmelerine ve değişmelerine yardımcı olmaktır. Çevre, gelişimimizdeki ana unsurdur.

Bizim Okullarımızda Hiç Şiddet Yok

Toplum ile doğru ilişki kurmaları için, topluma nasıl bağlı olduklarını, topluma ne kadar dayandıklarını ve toplumu nasıl etkileyebileceklerini göstermemiz için, çocuklara doğru bir temel sağlamalıyız.

Patlama olaylarının tümü, ileri derecede şiddet ve terörizm, hiç kimsenin bu çocuklara toplum ile doğru ilişkiyi nasıl kuracaklarını öğretmemiş olmasından kaynaklanıyor.

Çoğu kez oldukça zalim olan şeyler yaparız. Çünkü toplumun bize karşı duyarlı olduğunu hissetmeyiz. Asosyal insanlar için de durum böyledir – onlar sadece toplumdaki yerlerini bulmak isterler.

Dolayısıyla, en baştan, toplum ve çevre ile ilişkilere dair doğru sistemi çocuklar için yapılandırmalıyız. Onlar için, onlara benzeyen çocuklardan oluşan bir sosyal çevre kurmalıyız ve onlarla birlikte çalışmalıyız ki, birbirlerini anlasınlar ve uyum içinde gelişsinler.

Eğer bunu yaparsak, bugün toplumda var olan tüm olumsuz olaylardan kurtulabiliriz.

Çevre – Hiperakitiviteye Çözüm

Her yerde yaygın olan hiperaktivite rahatsızlığının, bir hastalık değil de, doğru çevrenin eksikliğine dair bir belirti, bir sonuç olduğunu anlamakta zorlanıyoruz.

Çocuklarımıza içinde gelişebilecekleri doğru çevreyi vermiyoruz; bu yüzden onlar da bu şekilde tepki gösteriyorlar. Çocuklarımızın ihtiyaçlarını karşılamak yerine, onların doğal ihtiyacını bastırıyoruz ve buna "hiperaktivite rahatsızlığı" diyoruz.

Neslimizdeki sorunların çoğunluğunu çözümlemek için, sadece okulları, çocuklarımızın içinde yetiştiği çevreyi yeniden yapılandırmamız gerekir.

Topluma Bağlı Olmak

Öyle ya da böyle, tam olarak topluma bağlı olduğumuzu, erken yaştan itibaren çocuklarımıza aktarmalıyız.

Bir yandan, toplumun çok zararlı olabileceğini, oyunlar, örnekler ve diğer şekiller aracılığıyla onlara göstermeliyiz. Toplumun nasıl öne geçtiğini ve insanların kafasını karıştırdığını açıklamalıyız. Toplum onları o derece "hipnotize" edebilir ki eğer toplumu takip ederlerse, ertesi gün kendilerini hapiste, parmaklıklar arkasında bulabilirler.

Ancak, eğer iyi bir sosyal çevreye katılırlarsa, o çevrenin inandırıcılığı onları olumlu şekilde etkiler.

Bunlar, her yaştan çocuğa değişik yollarla göstermemiz gereken örneklerdir. Böylece çocuklar, çevrelerini – arkadaşlar ve maruz kaldıkları medya – seçerek kendilerini eğittiklerini ve esas olarak kendi yazgılarını belirlediklerini anlayacaklardır.

Bu açıklama sayesinde, biz ebeveynler olarak, medyanın ve günümüzde insanların maruz kaldığı her şeyin ne göstermesini istememiz gerektiği konusunda bir sonuca varabiliriz.

Bir İnsan Yetiştirmenin Koşulları

Eğitim, kişiye kendini geliştirme araçlarını vermek demektir. Eğer çocukları kendi başınıza yetiştirmek istiyorsanız, bu demektir ki, onları yetiştirmiyorsunuz, onları mecbur ediyor ve zorluyorsunuz.

Onlara, "Onu bu şekilde yap, başka bir şekilde değil," diye söylememeliyiz. Emirler hayvanları evcilleştirmek içindir, insanları yetiştirmek için değil.

Söz konusu insan olduğunda, açıklamalısınız, koşulları – kitaplardan, arkadaşlardan ve çocuğu yaşamda özgür seçim noktasına götürecek eğitmenlerden oluşan bir çevre - oluşturmalısınız.

Bu, çok erken yaşlarda, çocuklar onlara ne olduğunun farkına varmadan önce başlamalıdır. O dönemde bile, bir şeyler öğrenecekleri ve böylelikle kendilerini eğitecekleri durumları çocukların etrafında oluşturmalıyız.

Çocuk, çevreden tekrar tekrar etkilendiği ve kendi gelişimindeki bir sonraki adımın önemini çevreden aldığı takdirde, o çevreye doğru ilerlemek ve gelişmek için hevesle harekete geçecektir.

Bölüm İki
Doğa ile Denge

Bütünün Parçası

Biz
Doğadan
Öğrenmeliyiz
Çünkü
Biz
Onun
Parçasıyız.

Yaşam Bilgeliği

Doğanın tüm parçaları,
Cansız, bitkisel ve hayvansal,
Mükemmel bir uyum içinde,
Denge içinde,
Bir arada var olurlar.

Yalnızca insan dengesizdir,
Çünkü onun egosu daima patlamaktadır
Ve insanı Doğanın olumsuz yönü olmaya
Zorlar.

Eğer kendimizi nasıl dengeleyeceğimizi,
Kötü eğilimi nasıl idare edeceğimizi,
Doğa ile doğru ve bütünsel bir şekilde
Nasıl bağ kuracağımızı
Öğrenirsek,
Bu öz farkındalıktan dolayı,
İyi bir hayatımız olacaktır.

Çocuklarımıza öğretmemiz gereken
Yaşam bilgeliği budur.

Doğanın Örneğini Takip Et

Doğanın örneğini takip etmek,
Tek doğru eğitimdir.
İnanç duymadan
Ya da hayal etmeden,
Tıpkı Kabala bilgeliğinin bize gösterdiği gibi.

Yaşamlarımızın Bir Amacı Var

Doğa hakkında, doğanın kanunları ve içinde kapsadığı ilişkiler hakkında daha çok öğrendikçe, her şeyin hem kişisel hem de kolektif seviyede, karşılıklı, global bir bağ içinde önceden belirlendiğini daha fazla anlarız. Tıpkı bedenlerimizdeki tüm parçaların karşılıklı olarak birbirine bağlı olması gibi.

Benzer şekilde, bizim yaşamlarımızın da bir başlangıcı, sonuçta gerçekleştirmemiz gereken belli bir amacı ve bir sonu olduğunu anlamamız gerekir.

Doğa ile Denge

Doğru Yön

İçselliğimizi
Doğanın tümüne
Uyumlamalıyız.

Çocuklarımıza
Birbirleriyle nasıl bağ kuracaklarını
Ve birbirlerini nasıl seveceklerini
Öğretmeliyiz.
Bu olmadan
Yaşamlarımızı sürdüremeyeceğiz.

Eğer onlara yaşama dair doğru bakış açısını aktarırsak,
Bu onları geliştirecek ve kendi başlarına ilerlemelerini
sağlayacaktır.
Önemli olan, onlara doğru yönü göstermektir.

"21. Yüzyılda "Başarmak"

21. yüzyılda, "başaran" kişi,
Başkalarına ve dünyaya
Nasıl uygun şekilde davranacağını bilen kişi olacaktır.

Bu tür insan başarılı olacaktır
Çünkü doğaya benzer şekilde,
Onunla denge içinde
Hareket edecektir.

Böyle insanları nereye koyarsanız koyun,
Onların sadece yaşamlarını sürdürdüklerini değil,
Başarıyla geliştiklerini göreceksiniz.

Tüm para ve tasarruflarıyla "başarılı" olan diğer kişiler ise,
Birdenbire her şeyi kaybederler.

Bağ Kurmak İsteyen Kişi İnsandır

İnsan toplumu üzerinde işleyen
Doğanın genel kanunu,
İnsanların birbirine bağlı olması gerektiği koşulunu belirler.

Kabala bilgeliği,
Bu Doğa kanununa
Toplum içinde uymak isteyen bir insanı
Nasıl yetiştireceğimizi açıklar.

Yaratan'ın Tartısı

"Eğitim", hayatta neyin daha önemli ve neyin daha az önemli olduğunu çocuğa öğretmek demektir; ne iyidir ve ne kötüdür, ne yapmaya değer ve ne değmez.

Ancak, eğitimi ölçmenin tartısı nedir?

"A", "B"den daha iyidir; benim veya senin ya da bir başkası için daha iyi olduğundan değil, Yaratan'ın sevme ve verme niteliğine daha yakın olduğu için daha iyidir. Eğitimin özü budur.

En Doğalı Onun Hakkında Konuşmaktır

Sevmek ve vermek,
Bizim doğamızda değilmiş gibi görünse de,
İçimizde mevcuttur.

Çocuklara bundan bahsettiğimizde,
Onlara insanlığın bu dünyada icat ettiği
Hayali şeylerden değil,
Tüm Doğanın üzerinde durduğu temellerden bahsediyoruz.

Yaratan'a Benzerlik

Adem [insan],
Yaratan'a benzer demek olan
Dome [benzer] kelimesinden gelir;
Üst Güce,
Doğanın gücüne,
Sevme ve ihsan etme niteliğine benzer.

Bu benzerliğe doğru giden yolda,
Kişinin deneyimlediği dönüşüme
"Eğitim" denir.

Özgür Gelişim

Kabala bilgeliğinin
Tüm amacı,
Kişinin kendi gücü,
Kişisel kararı
Ve kendi özgür seçimi sayesinde,
"Yaratan" olarak bilinen
Doğanın genel kanununa benzer hale gelebileceğini
Fark etmesini sağlamaktır.

Buna karşılık, insanları
Sadece takip etmelerini istediğimiz emirleri
Takip eden makinelere dönüştürmeye çalışmaktan başka
Gelişime daha zıt olan hiçbir şey yoktur.

Doğru Öğretim Programı

Eğer çalışma programlarını hayalimizden uydurduğumuz şeylerle yaparsak, başarılı olamayacağız.

Eğer çalışma programlarımız insanın doğasıyla, dünyanın gelişimiyle ve içinde yaşadığımız tüm sistemlerle birlikte ele alınmazsa, hepsi başarısızlığa mahkûmdur.

Bu yüzden, Kabala ile ilgili kaynakları okumak tek çözümdür. Kabala, dünyalar sisteminin tümünü bize sunar, insanlığın nereye ulaşması gerektiğini ve tarihin, doğanın, toplum gelişiminin ve kendi içsel gelişimimizin hepsinin nereye doğru gittiğini açıklar.

Diğer bir deyişle, öncelikle bir sonraki neslin nasıl bir şekil alması gerektiğini bilmeliyiz. Ancak o zaman, çocukları kendi nesillerinde var olacak koşullar için hazırlamanın doğru şekli üzerine düşünmeye başlayabiliriz.

Bu koşullar bizim için o kadar net olmalıdır ki, böylece çocuklarımızı bu gelecek, mükemmel biçime doğru götüreceğimiz adımları planlayabiliriz.

Doğayı Dinle

Doğaya karşı daha dikkatli olmalı ve ondan örnek almalıyız. Çünkü Doğa her şeyi içinde barındırır.

İnsanlara yaklaşım şeklimizde, toplumu yapılandırmada, aileyi doğru şekilde biçimlendirmede, çevreyi her birimiz için doğru olarak kurgulamada, anaokulu, ortaokul ve üniversite eğitiminde, bunların hepsinde Doğadaki cevaplara bakmalıyız.

Sadece Doğayı çalışmaya dayanan Kabala bilgeliği, eğer bilgimizi Doğadan alırsak zaman içinde Doğayla uyumlu olmayı başaracağımızı belirtir. Kendi esenliğimizi güvenceye almanın tek yolu budur.

Doğanın Güçleriyle Devam Etmek

Çocuklar, Yaratan'a daha çok yaklaştıkça,
O'nun düşündüğü yönde daha fazla düşündükçe,
Daha fazla başarılı olacaklardır.

Neden?

Çünkü Doğanın güçleriyle birlikte hareket edeceklerdir.

Her Çocuğun Bilmesi Gereken İki Şey

1. Doğanın her şeyi kapsayan bir gücü, her şeyi gerçekleştiren bir üst gücü vardır ve biz bu gücün yönetimindeyiz.

2. Eğer mutlu olmak istiyorsak, başkalarını mutlu etmeliyiz, tıpkı bu üst gücün yaptığı gibi.

Çocuklar bunu doğal bir biçimde kabul ederler ve birdenbire dünyanın gerçekten bu şekilde düzenlenmiş olduğunu görmeye başlarlar.

Ancak, yetişkinler bunu anlayamazlar. Çünkü onlar zaten çok fazla karışıklık içindedirler.

Bugün Sen Isırırsın; Yarın Isırılırsın

Hepimizin
Sadece almak isteği içinde olduğunu
Çocuklara açıklamalıyız.
Bu bizim doğamızdır.

Fakat bu arzumuz,
Her şeyi sürekli kendisine doğru çektiği için,
Başkalarına zarar verir.
Sonunda,
Bu yaklaşım bize geri döner.

Bugün, sen ısırıyorsun.
Fakat bir dahaki sefere,
Sen ısırılmış olacaksın.
Daha iyi bir davranış şekli yok mudur?

Doğanın İçinde

Sonuçta,

Bu sadece,

Çocukların Doğa içinde olduklarını

Onlara öğretme meselesidir.

Tüm eğitim budur.

Yetişkinler Küçükler İçin Değişirler

Çocuklara doğru şekilde davranmaya başladığımız ve onların Doğa ile denge içinde yetişmesini dilediğimiz an, sadece düşüncelerimiz ve dileklerimiz aracılığıyla, Doğanın sistemini uygun şekilde etkilemiş olacağız.

Sonuç olarak, Doğanın her şeyi kapsayan gücü, hem çocukları hem de anne ve babaları, tüm sistemi etkileyecektir.

Dolayısıyla, görünürde çocuklara yönelik olan bir eğitim sistemi, yetişkinleri de gerçekten değiştirecek ve yeniden dengeye getirecektir.

Nasıl mı? Yetişkinler, çocuklarına karşı olan sorumlulukları ve sevgileri yüzünden onlara iyi örnek olmaları gerektiğini anladıkları zaman, çocuklarının hatırı için kendilerini doğru şekilde idare etmek zorunda kalacaklardır. Bu durum yetişkinleri de değiştirecektir.

BÖLÜM ÜÇ
Örnek

Çocuk Örneklerden Öğrenir
Binlerce defa
Öğütleyebilirsiniz,
Fakat araştırmalar gösteriyor ki,
Çocuklar duymuyor.

Onlar görüntüleri anlıyorlar.
Yaşamdan örnekleri anlıyorlar.
Ne yaptığınıza bakıyorlar
Ve ondan öğreniyorlar.

Beden Dili

Çocuklar kelimeleri anlamazlar.
Beden dilini anlarlar.

Ne yaptığımızı incelemeliyiz:
Hangi hareketler,
Hangi hızda,
Hangi bakışla
Ve hangi tavırla.
Önemli olan tek şey budur.

Çocuklar bizi taklit ederler,
Küçük balığın
Büyük balığı takip edişi gibi,
Tamamen bire bir.

Sadece Olumlu Örnekler

Eğer bir çocuğa bir örnek gösterirseniz, o çocuk bunu hayatı boyunca hatırlayacaktır ve o şekilde davranılacağını bilecektir. "Terminatör (film kahramanı) olmak istiyorum." "Keşke eşkiya olsaydım!" Eğer gördükleri örnekler bunlar ise, olmak istedikleri şeyin bu olmasına şaşmamak lazım.

Dolayısıyla, doğru yaklaşım, onlara her zaman olumlu örnekler vermektir. Böylece bu örneklerde gördüklerini olmayı arzulayacaklardır.

Bu zamana kadar, filmler ve hikâyeler aracılığıyla çocuklara iyi örnekleri göstermekle meşgul olduk. Ancak egonun yakın zamandaki patlamaları, eğitimin aracı haline gelen medyada bir tür bozukluk yarattı. Medya için ise, yalnızca izlenme oranları önemlidir.

Yaşam İçin Örnek

Hayatın tüm alanlarında çocuklara olumlu örnekler sağlamalıyız,
Gerisi tamamen kendi haline bırakılabilir.

Eğer örnek samimi ve gerçek ise,
Çocuk da düzenli olarak ondan etkileniyorsa,
Bu örnek daima çocukla kalacaktır.

Biçimsel Öğrenme

Filmlerden ve oyunlardan yararlanarak, çocuklara çeşitli davranış biçimlerini göstermeliyiz. Bununla birlikte, çocuklar da aynı zamanda ne dereceye kadar iyi olup olmadıklarına dair kendileri karar verebilirler.

Tabii ki, bu sürece bir açıklama, analiz ve meselelerin çocuklar, ebeveynler ve eğitimciler tarafından ortaklaşa incelenmesi eşlik etmelidir. Buna "biçimsel öğrenme" denir. Bu şekilde kişi etkilenir ve öğrenir.

BÖLÜM DÖRT
Oyunlar

Oyunlar Kişiyi Oluşturur

Oyun ciddi bir şeydir.
Oyun aracılığıyla kişi gelişir.
Oyun kişiyi oluşturur.

Dünyayı Tanımanın Yolu

Oyun, çocuklar bizi rahat bıraksınlar ve kendi başlarına oynasınlar diye onları boş vakitlerinde meşgul etmek üzere tasarlanmış bir şey olmamalıdır.

Çocuklar oyunlardan öğrenmek isterler.
Onlar anlamak için,
Parçalara ayırmak, kırmak
Ve yapmak için can atarlar.

Çocuklar yaşamın her anını
Dünyayı tanımak için
Bir fırsat olarak görürler.

Oyunları "oyunlar" olarak adlandırmak bizim hatamızdır. Çocuklar sadece oynamak istemezler; onlar, her şeyin arkasında ne bulunduğunu ve her şeyin nasıl birbirine bağlı olduğunu, ellerinden geldiğince anlamak isterler.

Sadece Vakit Geçirmek Değil

Sadece vakit geçirmek için olan bir oyun,
Bizleri,
Aklı karışık yetişkinleri
Tatmin eden bir şeydir,
Çünkü biz vakit geçirmek isteriz.

Çocukların sadece vakit geçirmeye dair
Hiçbir arzuları yoktur.
Onlar için,
Oyun dünyayı tanımanın yoludur.

Yaşam Oyunu

Tüm yaşamımız bir oyundur çünkü oyunlar sayesinde gelişiriz. Doğadaki herhangi bir gelişim, oyun aracılığıyla gerçekleşir. Vücut hücrelerinin gelişimi bile bir oyundur çünkü hücreler henüz var olmayan bir gelecek haline arzu duyarlar.

Manevi gelişim de bir oyundur.

Çocuklar için ise, her çocuğun oynadığı "çocukça" oyunlar, her birinin ne tür bir insan olacağını belirler.

Sadece Oyunlar Aracılığıyla Açıklamalar

Çocukların isteğine karşı gelen bir şey konusunda onlara asla ısrar etmemeliyiz.

Bunun yerine, Maymonides'in söylediği gibi, "Onlar çok bilgelik kazanır" durumuna gelene kadar, onlar için neyin iyi olduğunu, neyin kabul edilebilir olduğunu çocuklara açıklamalıyız.

Çocuklar, onlara yapacağımız açıklamalar sayesinde bilgelik kazanacaklardır. Fakat bu açıklamalar sadece oyunlar şeklinde olmalıdır. Eğer bunu doğru şekilde yaparsak, şu anki durumlarında kalmalarının onların menfaatine olmadığını birdenbire anlayacaklardır.

Yeni Neslin Oyunları

Çocuklar için öyle oyunlar oluşturmanızı öneririm ki, bu oyunlar sayesinde çocuklar, diğer çocuklar olmadan başaramayacaklarını ve onlarsız hiçbir şey elde edemeyeceklerini anlasınlar. Bu onlara şunu öğretecektir:

Yalnız başına, zayıf demektir,

Yalnız başına, küçük demektir,

Yalnız başına, yapamaz demektir.

Bu bir takım oyununa benzer: büyük bir rekabet vardır. Fakat bu her şeye rağmen, herkesin diğer herkese bağlı olduğu bir oyundur.

Yavaş yavaş, çocuklar bu örneklerle, topluma ne kadar ihtiyaçları olduğunu öğreneceklerdir. İyi bir toplumdan, o toplumun iyiliğine karşılık verdikleri takdirde, ne kadar faydalanabileceklerini anlayacaklardır.

İlerlemek İçin Araç Olarak Oyunlar

Oyunun, bir örnek teşkil etmesi gerekir. Böylece çocuk, ileri bir düzeye ulaştığını görecektir.

Diğer bir deyişle, çocuğun geçmişte takdir ettiği bir şey, bir sonraki evrede önemsiz hale gelir çünkü daha yüksek nitelikte bir şey, amaç haline gelmiştir.

Oyunların Dünyasında Yaşam Bilgeliği

Çocuklara olayların özüne dair bir anlayış kazandırmak için, Çocukların ilgisini çeken olayların seviyesine gitmemiz gerekir.

Nasıl mı?

Kendi oyunları aracılığıyla,

Onlara yaşam bilgeliğini açıklayarak.

Oyunları Geliştirmede Ustalık

Birleşmek için, her takımın bazı tavizler vermesi gerekir. Yani oyunun en kritik anı, çocuğun şöyle hissettiği an olmalıdır:

"Taviz vermeliyim,

Ama bunu yapmayı gerçekten istemiyorum.

Fakat öte yandan

Eğer bir parça vazgeçersem,

Diğerleriyle birlikte başaracağım!"

Başarı özellikle herkesle birlikte olmalıdır, kendi başına değil. Oyunları geliştirmedeki ustalık ise, tam olarak bu noktada yatar.

Çaba Sayesinde Büyümek

Çocukların
Bizim onlara verdiğimiz işleri başarmış olmaları
Hiçbir fark yaratmaz.

Önemli olan onların çabasıdır
Çünkü çabaları sayesinde büyürler.

BÖLÜM BEŞ
Çocuğa "Onun Yoluyla" Öğret"

Onun Yoluyla, Tam Olarak Amaca Doğru

"Onun yoluyla" demek, çocuğun her nereye isterse oraya gitmesine izin vermek değil, çocuğu doğru amaca onun yoluyla yönlendirmek demektir, yani onun seviyesine, onun algılama yeteneğine ve onun karakterine göre.

Ancak yol, yine de tam olarak amaca doğru götürür.

Yaratan'a Benzer Olmak

Kural: "Çoçuğa, çocuğun yoluna göre öğret" demek, çocuğun niteliklerini korumalıyız ve çocuklara sadece kendi eşsizliklerini iyiye kullanmaları için yardımcı olacak bir metot sunmalıyız demektir.

Çocuk, tüm dünyayı kullanma konumundan, "kendini kullanma" konumuna gelmelidir ki, kendi eşşizliğini devam ettirirken, Yaratan'a – seven ve başkalarına veren - benzer olsun.

Böyle yaparak, çocukları Yaratan'a benzer olmak üzere yetiştiririz, ama onların kendi yollarıyla. Onlara gerekli araçları sağlarız ve gerisini kendileri yaparlar.

Hiçbir şey kötü olmak üzere yaratılmamıştır; tüm mesele kötü olana nasıl yaklaştığımızdır.

İçsel Yük

Çocuğa,
"Tam bu şekilde yap" ya da "Tam şu şekilde yap"
Dememeliyiz.
Bu zorlamadır.

Çünkü sonuçta,
Kimse o çocuğun kalıtım yoluyla
Hangi içsel "yükü" aldığını bilemez,
Çocuk bunu gerçekleştirmelidir.

Her Kişi Özeldir

"**M**aneviyatta zorlama yoktur," diye yazılmıştır. Bu demektir ki, her kişi insan dokusu içinde kendi eşsizliğini korur. Çünkü bu böyle olmazsa, her şeyi kapsayan bu resmi oluşturmak üzere başkalarını tamamlayamayız.

Dünyadaki her insan gereklidir ve diğer herkes olmadan hiçbirimiz mükemmeliyeti edinemez.

Aramızdaki farklılıklara kibarlıkla ve saygıyla muamele etmeliyiz. Çünkü kişisel özelliklerimizi bize Yaratan vermiştir. Düzeltmemiz gereken tek şey, bu özellikleri yozlaştırmadan ve kendimizi bastırmadan, onları nasıl kullandığımızdır.

Dünyanın bugün ihtiyaç duyduğu eğitim türü budur.

Baskı Yok

Çocuklara baskı yapmayın;
Onlara üstesinden gelebilecekleri işler verin.

Bilin ki, birçok akıllı kişi,
Okulda onlardan ne istendiğini zar zor anlamıştır.
Ancak okulu bitirdiklerinde,
Birdenbire ileriye atılım yapmışlar
Ve kendi alanlarında başarılı olmuşlardır.

Onlara Ne Demeyin – Nasıl Deyin

Doğru eğitim şekli, çocuğa ne yapacağını söylememektir. Eğer çocuk sorarsa, sadece nasıl yapılması gerektiğini açıklayın.

Peki, onlar sormadan önce siz ne yapmalısınız? Onlar için doğru olanı yapmayı istemeleri için onları harekete geçirecek çeşitli taktikler kullanın. İstek çocuktan gelmelidir. Bu, kulağa karışık gelebilir, fakat eğitmek için doğru yol budur.

Kabala bilgeliği baskının her türüne karşıdır. Kabala, her şeyin sadece insanın isteği ile ilerlediğini ve devam ettiğini açıklar. Yapmamız gereken şey, sadece doğru isteği harekete geçirmektir.

Doğru Şekilde Vermeyi Öğretin

Kabala bilgeliği, vermenin iyi oduğunu açıklamaz. Çünkü bu, çocuğun arzusuna ters düşer. Çocuğun ruhuna ve doğal haline ters düşen bir şeyi çocuğa söyleyemezsiniz. Bunun yerine, çocuğa, başkalarına olumlu şekilde davranmanın daha iyi olduğunu anlamak zorunda kalacağı bir oyun verin. Bu davranış şekliyle kişi daha fazla kazanır ve bunun karşılığını alır, yani bu tatmin edicidir, çünkü toplum bunu teşvik etmektedir ve çocuğa böyle davrandığı için saygı duymaktadır.

Vermeye dair olumlu yaklaşım tutarlı olmalıdır. Çocuğa, yaptığı verme hareketlerinden sonra, şu an için ona iyi davrandığımızı ama yarın bu tavrın değişebileceğini göstermek yanlış olur.

Çocuklar, bunun hayatın gerçeği ve Doğanın davranış biçimi olduğunu öğrenmelidirler. Ve bu çalışma sayesinde, çocukların içinde değişim gerçekleşecektir.

Doğanın Seni Yapış Şekli

Biri müzisyen olmak ister,
Bir başkası mühendis.
Bir üçüncüsü ise elektrikçi olmayı hayal eder.
Bunun böyle olması iyidir.

Bir eğitmen olarak,
Çocukların yeteneklerine göre,
Doğa tarafından önceden düzenlenmiş niteliklerine göre,
Onları insan olmaları için yapılandırmalıyım.

Diğer bir deyişle,
Çocuklardaki tüm bu eğilimleri,
Tüm bu tercihleri yaratan
Yaratan'a karşı gelmek yerine,
Mümkün olduğunca onların doğasına yakın olacak şekilde,
Onların yapılanmasına yardım etmeliyim.

Sevginin Yönünde

"Çocuğun yoluna göre",
Çocuğa sadece yön vermek demektir.

Ancak ona belli etmeden, çocuğun doğuştan getirmiş olduğu karakteri sayesinde bu yönü fark etmesi için ve Doğadan aldığı her şey aracılığıyla kendisini ifade etmesi için ona yardımcı olmalıyım.

Önemli olan şey, kişinin doğasının, tüm niteliklerinin, sevgiye ve diğer insanlara vermeye doğru yönlendirilmiş olmasıdır.

Her çocuk, özel bir nitelikler ve eğilimler bileşimiyle doğmuştur. Bunu onlara bırakın, ama bu nitelikleri nasıl doğru şekilde kullanabileceklerini onlara gösterin.

Değişik Açıklamalar

Mümkün olduğunca çeşitli ve değişik açıklamalar sunmalıyız ve mümkün olduğunca çok şekilde, verebildiğimiz kadar çok örnek vermek için çabalamalıyız.

Bazen okuldaki öğretmeni anlamak çok zordur. Fakat evde, Anne ve Babanın çocuğa daha yakın olarak, olayları daha uygun bir biçimde açıklamasıyla, her şey daha açık ve anlaşılır hale gelir.

Çocuklara olayları şu şekilde açıklamalıyız: söz konusu olan meseleyle bağ kurabilecekleri ve böylece kendileri hakkında daha fazla öğrenebilecekleri örnekler kullanarak.

Gruplara Bölme

İlkokul kadar erken bir dönemde, çocuklar kendi yönlerine sahiptirler diyebiliriz. Bunu kendi başlarına bulurlar, ama onlara yardım etmeliyiz.

Birinci sınıf kadar erken yaşta bile, bir öğretmen her öğrencinin dünyayı nasıl algıladığını, toplumla nasıl ilişki kurduğunu, nelerden hoşlanıp hoşlanmadığını ve içsel olarak nasıl yapılanmış olduğunu fark edebilir.

Çocuklarla bu doğrultuda ilişki kurmalıyız, her birinin benzersiz doğasına göre onları gruplara ayırmalıyız: daha duygusal olanlar, daha zihinsel olanlar, Doğaya yönelenler, teknolojiye ya da zanaata yönelenler. Sonrasında, o grubun özel eğilimine göre, onlara her şeyi açıklayabiliriz, en basit şeyleri bile.

Toplum İçinde Bir Rol

Her çocuğa toplum içinde bir rol sağlamalıyız. Bu rol, çocukları katılıma, kendilerini ifade etmeye ve grubun işlerini sürdürmeye mecbur eder. Çocuklar, kendi yerlerinde olduklarını hissetmelidirler.

En kavgacı çocuklar bile, onlara toplum içinde yapabilecekleri yapıcı bir şey bulmamızı hak ederler. Genel bir kural olarak, her çocuk için, çocuğun kendisini toplum içinde tamamlanmış hissetmesine yardımcı olacak uğraşılar bulmalıyız.

Kendini Dışarıdan Gözlemlemek

Çocuklara, kendilerini kendi doğalarından ayırmaları için yardımcı olmalıyız.

Onlara şöyle söylemeliyiz: "Görüyorsun, senin doğana göre kaba, inatçı, kibirli veya baskıcı olabilirsin. Fakat bunların hiçbiri sen değilsin; o, içinde olan şeydir.

Belki içinde olan o "şeyden" dışarı çıkabilirsin.

Onu birlikte değiştirmeye çalışalım ve sonrasında göreceksin ki, herkese karşı davranışını değiştiriyorsun. Bu senin için daha iyi olacak ve daha kazançlı çıkacaksın."

Çocuklara kendi aralarındaki farkı
Ve içlerindeki eğilimi görmelerini öğretmek,
Onlar için büyük bir kurtuluş olur.
Aslında, eğitimde en temel olan şey budur.

KISIM ÜÇ
Evde

BÖLÜM BİR
Ebeveynler ve Çocuklar Arasında

Dost Olmak

Çocuk, anne ve babasının, anne ve baba olmanın yanı sıra, bir dost, büyük ağbi veya abla olduğunu da hissetmelidir.

Çocuklarla öyle bir ilişki kurmamız gerekir ki, o ilişkide güven olur ve çocuk, anne ve babasını içtenlikle karşılar ve onları hayatında ister.

Ev

Çocukların çevrelerine karşı ne kadar duyarlı olduklarını anlamıyoruz. Anne, neden işe gittiğini, neden eve geri geldiğini, evdeki görevlerinin ne olduğunu, akrabalarla olan ilişkilerin neden o şekilde olduğunu ve bunu veya şunu yapmanın neden onun görevi olduğunu, içerdiği her türlü zorluklarla birlikte, açıklamalıdır. Benzer şekilde, baba da kendi yaşamını açıklamalıdır.

Ebeveynler, aynı zamanda çocuklarına, onlara sahip olmaktan ne kadar mutluluk duyduklarını, onlara bakmak için ne kadar özen gösterdiklerini ve onlardan ne kadar keyif aldıklarını da söylemelidirler.

Eğer ebeveynler tüm bunları çocuklarına aktarırlarsa, tabii ki doğru oranda, bunları deneyimleyecekleri tam güç ve boyutta değil, çocuklar o duygunun içine dahil olacaklar ve böylelikle yaratılan ortama "ev" denecektir.

Çocukları Eleştirmekten Kaçınmak

Gerçeği söylemek gerekirse, kendi başaramadıklarımızı çocuklarımızdan talep ediyoruz. Çünkü biz tamamlanmamış durumdayız, çocuklarımız sayesinde kendimizi tamamlamaya çalışıyoruz. Bu yüzden de bazen çocuklar üzerinde çok fazla baskı yapıyoruz. Çözüm, tamamlanmış olmayı çocuklarımızdan talep etmek yerine, kendi başımıza başarmaya çalışmaktır. Tam olarak bu nedenle Kabala bilgeliği bize verilmiştir.

Eğer tam ve bütün olmayı başarırsak ya da en azından bunun ne demek olduğunu anlarsak ve bunu başarmak için çabalarsak, çocuklarımıza gereksiz yere baskı yapmaya son vereceğiz ve onlar için en iyi olan şekilde büyümeleri ve gelişmeleri için onlara izin vereceğiz.

Evdeki Düzen

Soru: Çocuğu evdeki düzeni korumaya nasıl alıştırırsınız?

Cevap: Eğer çocukları erken yaşlardan itibaren düzeni korumaya alıştırmazsanız, eğer bu onların doğasının bir parçası haline gelmezse, onlar bu sınırlamaları arkalarında bırakıp kaçana kadar, bu iş her zaman bir çaba gerektirecektir.

Sevgiye ne kadar erken disiplin katarsak, çocuk için bu o kadar kolay olacaktır.

Eğer kendimizi incelersek, bizim de acı ve zevk tarafından yönetildiğimizi görürüz. Çocuklara, daima bu şekilde işleyen bir dünyada olduğumuzu, dünyanın bize de bu şekilde davrandığını ve buna göre ona karşılık vermemiz gerektiğini açıklamalıyız.

Büyükanne ve Büyükbabaya Karşı Doğru Tavır

Anne ve babalar, kendi anne ve babalarına - çocuğun büyükanne ve büyükbabasına - gösterdikleri saygılı davranışlar ile çocuklarına örnek olmalıdırlar.

Kendi anne ve babalarına - büyükanne ve büyükbabaya - nasıl davrandıklarını çocuklara göstererek, çocuğu onlara - anne ve babaya - aynı şekilde davranması için eğitirler.

Kendi Kendini Yetiştirme

*Çocuklarımızın hatırı için,
Kendimizi de eğitmemiz
Gerektiğini
Anlamalıyız.*

Bölüm İki
Kardeşler Arasında

Birbiriyle Anlaşmak

Soru: Eğer kardeşler anlaşamıyorsa ne yaparız?

Cevap: Aralarında ortak bir zemin bulun ve sürekli olarak sadece o zemini geliştirin.

Birbirlerine nerede destek ve yardımcı olabildiklerini bulun. Doğru yol budur.

Ailedeki Kardeşler

Ailedeki her kardeşe açıklamalıyız ki, eğer aynı anne ve babaya sahip iseler ve bir arada büyüyorlarsa, bu durumda ruha uygun olarak birbirlerini tamamlıyorlar ve birlikte olmaları gerekiyor demektir.

Burada, onları kardeş yapan daha büyük bir plan olduğunu anlamaları gerekir. Yaratılışı tamamlamaları ve birbirleriyle özel bir şekilde ilişki kurmaları, aralarında karşılıklı bir bağ oluşturmaları için tam olarak onlara imkân veren şey aile bağıdır.

Böylesi bir bağ bize şunları söyletmez: "Senin olmanı istemiyorum; sen yokmuşsun gibi davranıyorum; beni rahat bırak."

Her insan bir başkasını tamamlar ve ailenin her üyesi değerlidir. Ayrıca, her yeni üyenin, eğilimlerine ve davranışlarına rağmen, aile içinde bir yeri vardır – biri düşüncesiz olabilir, diğeri ilgisiz olabilir, üçüncüsü hayal kurmayı sevebilir ve dördüncüsü akılcı olabilir.

Annenin Yakınlığı İçin Rekabet

Soru: Kişi, annenin yakınlığına dair duyulan kıskançlık ve rekabet ile nasıl baş edebilir?

Cevap: Bu hiçbir şekilde çocuğa bağlı değildir – sadece anneye bağlıdır. Sadece anne, çocuklar önünde kendini öyle bir şekilde konumlandırabilir ki, çocuklar annenin onlara nasıl davrandığı konusunda tamamen eşit olduklarına ikna olurlar.

Üst gücün bize davranış şeklinden şunu öğreniriz: Kişi, başkalarına sevgi bağı aracılığıyla bağlanmadıkça Yaratan'ı edinemez, çünkü Yaratan tam olarak kişinin başkalarıyla olan bağında belirir. Bir annenin kendisini çocuklarına gösterme şekli bu olmalıdır: anlaşmazlık durumlarında çocuklar annelerine birlikte gittikleri takdirde annelerinden sevgi alacaklardır. Annelerine ayrı ayrı yaklaştıkları zaman ise, her biri annesinden biraz daha donuk bir karşılık alacaktır.

→

Bu tür bir yaklaşım, çocukların içinde, doğal olarak başkalarıyla bağ kurmaya yatkın olmaya hazırlayan sistemleri oluşturur. Bu tür insanlar artık amacın kendisini görmezler, fakat en başta, "Bu hedefi kiminle başarabilirim?" diye sorarlar."

BÖLÜM ÜÇ
Ebeveynler

Sakin Bir İlişki Göstermek

O yaştan 15 yaşına kadar (en azından), ebeveynler çocuklar önünde sakin bir ilişki göstermelidirler.

"Sakin", keskin şekilde değişmemek demektir, daha iyi olan bir durum için bile değişmemek.

Ebeveynler çocuklarına, iş birliği ve karşılıklı anlayış içinde bir yaşam sürdürdüklerini, aralarındaki ilişkinin ise ani ve önemli değişimler olmaksızın, uyumlu ve sakin olduğunu göstermelidirler.

Ayrıca çok fazla duygusal yakınlık göstermemelidirler. Her şey çok sağlam ve dengeli olmalıdır.

Her Hareket Bir Örnektir

Ebeveynlerin aralarındaki ilişki aracılığıyla çocuklarına verdikleri örnekler, o çocukların kendi eşleriyle olacak hayatlarına aktarılacaktır ve onların sahip olacakları ailelerde var olacaktır.

Örneklerden öğrenir ve örnekler sayesinde eğitiliriz. Çocukluk süresince gördüğümüz her şeyi taklit ederiz. Bu yüzden, çocuklara içinde hiç sorun olmayan bir görüntü sunmalıyız.

Alkolik bir baba veya ebeveynlerden birinin anne ve babası hakkında yapılan bir kavga gibi örnekleri çocuk kopya edecektir ve bu örnekleri kendi hayatında arayacaktır.

Benzer şekilde, eğer anne ve baba arasında ortak olan bir şey, bu yaşamdan daha yüce olan içsel bir bağ varsa ve bu bağ onları bir arada tutuyorsa, çocuklar bunu hissedeceklerdir. Onlar, olan her şeyin üstünde, anne ve babalarını bir arada tutan yüce ve aynı zamanda sağlam bir temel olduğunu hissederler.

Çocukların Önünde Kavga Yok

Çocukların önünde kavga etmek söz konusu olamaz.
Ev, sakin ve değişmeyen bir yer olmalıdır.
Güven evden gelir.
Ebeveynler arasındaki tartışmalar çocukları sarsacaktır
Ve onları çok olumsuz bir şekilde etkileyecektir.

BÖLÜM DÖRT
Aile İçinde

Aile Seansları

Aile içinde herkes eşittir. Hiç kimse daha üstün değildir ve hiç kimse değersiz değildir.

Aile, herkesin karşılıklı sevgi içinde olduğu yerdir ve sevgi sadece eşit olanlar arasında olabilir.

"Eşitlik", ailenin her üyesinin kendi fikrini ifade etme olanağına sahip olması demektir. Buna karşılık, herkes dinler ve konu hakkında birbirine danışır. Hep birlikte, yaşına ve durumuna bağlı olarak ailenin her üyesi için neyin doğru olduğuna karar verirler.

Çocuklar düzenli olarak bu tür toplantılara katıldıkları zaman sakinleşirler, hangi kişiye neyin gittiğini bilirler. Ailenin iyi ayarlanmış, bütüncül bir sistem olarak çalıştığını görürler.

Küçük Bir Toplum Olarak Aile

Ebeveynler çocukları ile birlikte küçük bir toplum kurmalı; ailenin iyiliği için herkesin diğerlerine karşı ödün verdiği bir toplum. Ailenin iyiliği, aile üyelerinden her birinin kişisel kazancından daha önemlidir.

Aile üyeleri, ailenin çıkarını kendi çıkarlarının üzerine koymayı dilemekle, diğer aile üyelerine örnek teşkil ederler.

Eğer bu bir aile oyunu olarak yapılabilirse, en iyisi budur. Bu yolla, çocuklar birdenbire bunun onları ne kadar ilerletebildiğini, birbirlerini anlamalarına ne kadar yardımcı olduğunu fark edeceklerdir. Bu durumdan memnun kalacaklar ve herkesin kendini iyi hissetmesinden keyif alacaklardır.

Eğer ödün vermeyi istemeyen bir çocuk varsa, ne yaparsınız?

Onlarla sevgi ile çalışmalısınız ve böylece herkesi güçlendirmelisiniz. Bir yandan, kendisini ikinci plana koymayı istememekle ne kadar çok şey kaybedeceğini çocuğa göstermeniz gerekir. Diğer yandan ise, eğer herkese katılırsa ne kadar çok şey kazanacağını vurgulayabilirsiniz.

En iyisi, bunu evde yapmak ve aile olarak herkesin birlikte oynamasını sağlamaktır.

Gerçek, Sadece Gerçek

Gerçek ne olursa olsun, çocuklarımıza gerçeği söylemelerini öğretmeliyiz.

Ne kadar bencil olduğumuzu görmek de gerçektir ve bu gerçek açığa çıktığı için mutlu olmalıyız.

Eğer çocuklara gerçeğin iyi bir şey olduğunu öğretirsek – gerçek, "şirin" olsun ya da olmasın, kişinin içinde hissettiği şeydir – o zaman çocuk hemen rahatlayacak ve "Eğer bunu söylersem insanlar benim hakkımda ne düşünecekler?" diye düşünmeye son verecektir. Bu, onlara doğal bir şekilde olacaktır.

Tek, Bütün Bir Beden

Ebeveynler, çocukları ile sanki tek bir bedenmiş gibi ilişki kurmalıdırlar, iki ayrı birey olarak değil. Çocuk, anne ve baba arasındaki farklılıkları görmemelidir. Annelerinin duygularıyla "oynayabileceklerine" inanmaları, çocuklar için iyi değildir.

Ebeveynlerin eğitiminden değil, çocukların eğitiminden bahsettiğimiz doğru, ancak her şeyin ebeveynler tarafından, doğru bir çevre tarafından yapıldığını anlamalıyız. Bu, büyükbabayı, büyükanneyi, amca ve teyzeyi, çocuğun çevresinde olan herkesi kapsayabilir.

Çocukların, onların etrafında olan kişiler arasında herhangi bir farklılık hissetmemeleri çok önemlidir. Herkesin onlara tamamen aynı şekilde davrandığını anlamalılar.

Doğal olarak, çocuk anne ve babasını farklı şekilde algılar. Fakat anne ve babaların her konuda açıksözlü, dürüst, düzgün ve eşit bir yaklaşım sergilemeleri gerekir.

Yaratılışın Amacı Açısından Eşitlik

Çocuklar
Onlara doğada nasıl yollarını bulacaklarını
Öğrettiğimizi hissetmelidirler:

İyi bir sonuca ulaşmak için,
Ne yasaklanmıştır ve neye izin verilmiştir,
Ne yapmaya değer ve ne değmez,
Ne tehlikelidir ve ne güvenlidir.

Bu süreçte, ebeveynler ve çocuklar beraber bir bütün gibidirler. Hepimiz tek bir ruhuz. Bu dünyada olduğumuz sürece, bu nesle ya da bir önceki nesle ait olmanızın hiçbir önemi yoktur.

Bu tür bir yaklaşım, çocuğa güç ve güven verir. Herkesin ileriye doğru birlikte hareket ettiğine dair ona bir his kazandırır; eşitler arasında eşit olur.

Değerli Olanı Aktarmak

Eğer bir şey sizin için değerli ise,
Onu aktarmalısınız,
Onun özünü
Çocuklara öğretmelisiniz.

Sevgi Hali

Soru: Çocuğa manevi dünyadan nasıl bahsedersiniz?

Cevap: Çok basitçe, çocuğa bizi yöneten üstün bir şeyin olduğunu söyleyin. Bu üstün şeyden bize güçler iner ve bizi etkiler.

Neden bu güçler bizi etkiliyor? Bizim içimizde, o yüce, sonsuz, güzel seviyeye tekrar yükselme arzusunu harekete geçirmek için.

Bu şekilde, birbirimizi sevme,

Birbirimizle birleşme,

Ve tek bir kalpte tek bir insan olarak yaşama durumuna geleceğiz.

Bu duruma, "üst dünya" ya da "manevi dünya" denir. Bunu çocuğa açıklamanın doğru şekli budur. Çocuklara asla yalan söylememeliyiz; sadece biraz açıklamalıyız, ama sadece gerçeği açıklamalıyız.

Yaşam Hakkında Konuşma

*Çocuklara hayatın anlamını
Açıklamalıyız;
Onlara neden burada olduklarını söylemeliyiz.*

Çocukların neden bahsettiğimizi anlamayacak olmalarından korkmamalıyız. Bize onlar anlamıyormuş gibi görünse bile, onlar anlıyorlar.

En iyisi, bunu basit kelimeler kullanarak anlatmaktır. Ancak en çok tavsiye edilen, onlarla hayattaki daha yüce şeyler hakkında konuşmaktır.

Kısım Dört
Okul

BÖLÜM BİR
Eğitim Sistemi

Hayat Okul Gibi

"Okul", bizim yaşamlarımızın tümüne dair sürecin genel adıdır.

Ne kadar yaşarsak yaşayalım, tüm yaşamlarımız boyunca "okuldayız".

Eğer yaşamlarımıza, amacı bizi Yaratan'la benzerliğe yönlendirmek olan düzenli bir değişimler dizisi olarak bakarsak, o zaman çevremizdeki her şeyde okul ortaya çıkar.

"Yaşam Bilgeliği" Okulu

"Yaşam Bilgeliği" okulunda
Size nasıl "insan" olacağınız öğretilir:

Neden doğdunuz,
Dünyada ne oluyor,
Doğa nedir,
Görünen Doğanın arkasında ne bulunur,
Neden bu güçler bizi bu şekilde etkiler,
Ve buna karşılık ne yapmamız gerekir.

Ayrıca şunlar da öğretilir:

Başınıza gelen şeyle nasıl ilişki kuruyorsunuz,
Size nasıl davranılıyor,
Ve sizin başkalarına nasıl davranmanız gerekir,
Sahneler arkasında çalışan güçleri açığa çıkararak
Ve yaşamla çok yakın bir arkadaşmış gibi gerçekten ilişkide olarak,
Yaşamı nasıl şeffaf bir görüntü gibi görürüz.

Bu tür bir eğitim, çocuğun daha az hata yapacağını, hayatını yanlış amaçlar peşinde koşarak harcamayacağını ve hayatta gerçekten başarılı olacağını garantiler.

Okulun Amacı

Okulun amacı,
Toplum içinde
Düzeltilmiş bir birey olarak davranan
Global bir insan yapılandırmaktır.

Böyle bir kişi,
Davranışları aracılığıyla
Toplum için bir örnek teşkil edebilir
Ve insanlığın ihtiyacı olan her şeyde
Mükemmeliyete erişmek üzere
Toplumu yönlendirebilir.

Eğitimi Okuryazarlıktan Ayırmak

Okullar, eğitim ve okuryazarlık arasında net bir ayırım yapmalıdır. Bu her iki alan aslında ayrı binalarda çalışılmalı ve farklı kişiler tarafından öğretilmelidir.

Tabii ki, fizik, matematik, biyoloji ve sanat gibi konuları öğreten kişiler, sadece kendi alanlarında uzman olmayıp, aynı zamanda öğrencilere örnek de olmalıdırlar.

Düzgün bir okul oluşturmak için, öğretmenlerin sabırlı ve mesleklerinde deneyimli olmaları ve öğrettikleri özel konuyu çocuğun genel eğitimi ile nasıl birleştireceklerini bilmeleri gerekir.

Sadece öğrenme diye bir şey yoktur. Öğrenci daima yetişkin birinden gördüğü örneği takip eder. Dolayısıyla öğretmen sadece konuyu anlatmamalı, aynı zamanda bu konunun yaşamlarımıza olan etkisini de göstermelidir. Eğitim ve okuryazarlık iki ayrı alan olsa da, esas olarak eğitim üzerinde durulması gerektiğini hatırlamalıyız.

Toplum Kendi Üyelerini Eğitir

Farklı bir prensibin uygulandığı bir okul kurmalıyız: toplum - çocukların toplumu - her çocuğu ve tüm çocukları eğitir:

Hoşgörülü,
Sevecen olmak
Ve topluma vermek.

Diğer bir deyişle, çevre üzerinde önemle durulur. Çocuklar için çevre, eğitmenler ve öğretmenler değildir, yetişkinler de değildir, ancak etraflarındaki diğer çocuklardır.

Bu yüzden, eğer her çocuğun etrafında iyi bir çocuklar toplumu, başkalarına kötü davranmayı ayıplayacak ve başkalarına iyi davranmayı övecek bir toplum oluşturursak, farklı davranan bir çocuklar neslini yapılandırmış olacağız.

Yıkıcı Bir Çerçeve

Soru: Bildiğimiz şekliyle okullar, bir öğretim gününü dersler, teneffüsler, ev ödevleri, sorular ve cevaplar olarak bölüyorlar. Bu şekilde mi olmalı?

Cevap: Bu tür eğitim, endüstri devrimi döneminde, işçilerden seri üretim hatlarındaki görevlerini yerine getirmeleri beklendiği zamanlarda başladı. O zamanlarda eğitimin amacı, okuma yazma bilmeyen insanları fabrika işçisi olmak üzere vasıflandırmaktı. Bu nedenle, eğitim programı ve çerçevesi endüstrinin ihtiyaçlarını karşılayacak şekilde düzenlenmişti.

Ancak bugünün çocukları bundan nefret etmektedir. Çünkü bu sistem insan doğasına karşı işlemektedir. Bu sistem insanları geliştirmez, onları mahveder.

Çalan Ziller Yok

Soru: Sıradan bir okulda, ders zil sesiyle başlar ve biter. "Yaşam Bilgeliği" okulunda nasıl olmalı?

Cevap: Okulda herhangi bir zil asla olmamalıdır.

Çocuklar ve eğitmenler, konunun kendini tükettiğine dair birlikte karar verdikleri zaman ders biter ve dinlenme başlar. Sonra öğrenciler, dinlenme zamanı sırasında, sınıftaki etkinlik süresince ortaya çıkan meseleleri tartışmaya devam edebilirler.

Daha sonra, yeni bir konu üzerine yeni bir ders başlayacaktır.

Çocukların ve eğitmenin konu üzerinde daha ileri gitmeleri gerekip gerekmediğini hissetmelerine bağlı olarak, ders on beş dakika ya da bir saat artı on beş dakika sürebilir. Bu şekilde, çocuklar kendilerini ifade edebilir olmaya ve ilgilendikleri konuları, konu ortasında durmadan, tam anlamıyla çalışabilmeye alışırlar.

Diğer taraftan, zorlayıcı bir zaman çerçevesi olduğu zaman, kişi sorumluluktan kaçınma eğilimi gösterir ve sadece dersin bitmesini bekler.

Zaman çerçevesi olmadığında, çocuk, tartışılan problemin dersin sonunda kaybolmadığını ve kendisinin hâlâ onu çözmesi gerektiğini hisseder. Çünkü biz daima mükemmel bir doğanın içinde var olmaktayız.

Bu algı, kişinin kendi hayatını farklı şekilde ele almasını sağlar. İçimizde yaşama karşı tamamen farklı bir yaklaşım oluşturur. Bu yaklaşım şöyle der: "Doğa içindeyim ve toplum içindeyim. Sorunlarımı diğer tüm insanlarla bağ kurarak ve birleşerek çözmeliyim."

Her Çocuk Yapabilir

Sınıf içinde, çocuklar sıralar halinde değil, daire şeklinde oturmalıdır. Daire içinde herkes eşittir.

Bu prensip dışsal olarak da hissedilmelidir. Hiçbir öğretmen sınıfta çocuklara vaaz verir gibi konuşmamalıdır, ancak her öğrencinin kendi düşünce ve fikirlerini ifade edebildiği bir konuşmayı yönlendiren bir rehber olmalıdır.

Sınıfta bazı çocukların aktif olması ve diğerlerinin ise zar zor orada olması ya da sadece dinliyor olması gibi bir durum söz konusu olamaz. Rehber, her çocuğun kendini birey olarak ifade etmesine imkân vermelidir ve herkes aktif olarak konuşmaya dahil olmalıdır.

Örneğin, rehber bir hikâye okuyabilir. Sonra, çocukların her biri onun üzerine yorum yapmalıdır: düşünceler, duygular, fikirler. Ayrıca her çocuğun hikâye hakkında birkaç cümle yazması da iyi olacaktır.

İstisnasız, her çocukta var olan özel yetenekleri geliştirmeliyiz.

Beraber Öğrenmek

Rehber soru sorduğu zaman, ortak bir çözüme ulaşmak için çocuklar birbirlerine yardım etmeliler. Diğer bir deyişle, karşılıklı desteğin sonucu olarak ilerlediklerini devamlı görmeliler. Her şeyden önce böyle bir temelin kurulması gerekir.

Rehber, daha sonra belirli konuları öğrenirken bile, çocukların belli bir konuyu konuşmalarını sağlamalı ve birlikte konuşmaları sayesinde ortak bir anlayışın oluştuğunu görmelidir. Eğer içlerinden biri anlamazsa, diğer bir arkadaş açıklar.

Ders şu şekilde olmalıdır: toprağa bir tohum ekersiniz, fizik veya matematikle ilgili yeni bir parça bilgi gibi. Daha sonra bu tohum çocuklar arasındaki konuşmalar sayesinde, toplum tarafından yetiştirilir.

Her düşünce, her bilgi parçası, her yaklaşım, her cümle ve her karar, çevreyi geliştirir.

Neden Öğreniyoruz

Konuları çalışırken, konu ile hayatın kendisi arasındaki farklılıkları ortadan kaldırmak için, konuları hayatın anlamına dair konuşmalarla birleştirmeliyiz.

Neden coğrafya, tarih, jeoloji, matematik, fizik veya edebiyat öğreniyoruz?

Neden dünya bu şekilde kurulmuş ve neden kanunları böyle?

Diğer bir deyişle, çocuklara her konuya dair yaklaşımı tüm realitenin içinden açıklamalıyız.

Çocuklar müzik, tiyatro veya spor ile meşgul oldukları sırada, onlara kendi duyularını maksimum düzeyde geliştirmelerine imkân vermek üzere bu konuların hazırlandığı algısını vermeliyiz. Böylece, nerede olduklarını, nereye gittiklerini, şu anki duygularının yanı sıra ne hissetmeleri gerektiğini ve sonuç olarak nasıl büyüyebileceklerini belirleyebilirler.

Konuşmalar Aracılığıyla Bir İnsan Geliştirmek

Tarih boyunca ve yakın nesillere kadar, halkımız arasında tüm çocuklar okuyup yazabiliyor, kitaptaki metinleri tartışabiliyor ve analiz ile sentez yapabiliyorlardı.

Çalışma metodu özgündü – tartışmalar: Biri şöyle söylüyor, fakat bir diğeri farklı düşünüyor. Neden böyle? Bu nereden kaynaklanıyor?

Bir insanı, diyaloglar ve düşünce farklılıkları aracılığıyla geliştirirsiniz.

Diğer taraftan, günümüzdeki sınıflarda neredeyse hiç tartışma yoktur. Çocukların her şeyi öğretmenden alması ve bunu kabul etmesi, ezberlemesi ve en önemlisi, sınavı geçmesi beklenir.

Baskı Altında Gelişim Olmaz

Kişi baskı ile gelişemez.
Baskı ile her şey çekilir,
Kapanır.
Günümüzdeki okulun biçimi budur.

Çocuklara,
Kendilerini doğru yönde,
Tam bir özgürlükle nasıl geliştireceklerini
Öğretmeliyiz,
Böylece çözüm her zaman kendi içlerinden çıkacaktır.

Bir bitkinin nasıl büyüdüğüne,
Onun yolunu engelleyen her şeyin etrafından nasıl dolandığına bakın.
Doğa, büyüme ve kendi başına gelişme yolunu bulur.
Her tür baskı sadece Doğaya zarar verir.

Çocuklara,
Hiçbir sınırlama olmadan kendilerini geliştirmeleri için
Yardım etmeliyiz
Ve her birine
İçsel özgürlük
İmkânı vermeliyiz.

Bütün Sistemi Gözlemlemek

Kabala bilgeliği ile büyüyen bir çocuk, ona her şeyle baş etme imkânı veren ve aynı zamanda geniş miktarlarda bilgiyi içine almasını sağlayan zihinsel kabiliyetler geliştirir. Böyle bir çocuk için bilimleri öğrenmek kolaylaşır.

Çocuk bir kere her şeyi yukarıdan gözlemleme ve genel sistemi anlama fırsatını ele geçirdiği zaman, ona öğretilen her şeyi, bilim dahil olmak üzere, içsel yapılarına göre hemen ayırır ve düzenler, Kabala bilgeliği sayesinde kazandığı bilimsel yaklaşımı uygular.

Aynısı psikoloji ve sosyal bilimler için de geçerlidir. Bu çocuklar kendilerini kontrol ederler, güdülerinin nereden geldiğini bilirler ve dünyada hiçbir şey onları durduramaz.

Daha Büyük Olan, Daha Küçüğe Öğretir

Küçük yaş grupları içinde, farklı yaşlardaki çocuklar, aralarındaki büyük farklılıklara rağmen bazı zamanlarda bir arada olabilirler.

Temelde, böyle bir yönlendirme, daha küçük olanlar için çok iyidir. Çünkü onlar daha büyük olanlardan örnek alırlar.

Çocuklar, daha büyük çocuklar gibi olmak için arzu duyarlar. Dolayısıyla, daha büyük olan çocukların, daha küçük çocuklara nasıl davranacaklarına, onlara nasıl rehberlik edeceklerine ve nasıl öğreteceklerine dair düzgün şekilde eğitilmeleri gerekir.

Çocukları Öğretime Dahil Etmek

Öğretmenin öğretimini yeterli bulmamız gerekmez. Çocuklar arasındaki karşılıklı yardımlaşmayı da kullanmalıyız.

Daha küçük olanlar, daha büyük olanlardan öğrenirler. Daha büyük olanlar ise, daha küçük olanlarla çalışmaları sayesinde, eğitim ve öğretime dair doğru yaklaşımı öğrenirler.

Bir dereceye kadar, daha büyük olan çocuklar öğretmen durumuna gelirler ve kendilerinin yetiştirilme şekline dair içgörü kazanırlar.

Genç Eğitmenler

Kabala bilgeliği, sadece en yakındaki bir üst seviyenin, kendi altındaki bir seviyeyi düzeltebileceğini, eğitebileceğini, ona öğretebileceğini ve onunla ilgilenebileceğini açıklar.

Anne, çocuklarından daha yüksek bir seviyede olsa da, daha alt bir seviyeye geçmelidir. Ancak hâlâ çocuğunkinden biraz yukarıda olmalıdır, böylece çocuğu azar azar ilerletebilir.

Doğanın bizler için oluşturduğu şeyi ilerletmenin yolu budur. Bu yüzden, eğitmenlerin genç olmaları ve beraber çalışmak durumunda oldukları çocuklara mümkün olduğunca yakın olan bir kafa yapısına ve dünya görüşüne sahip olmaları en iyisidir.

Eğitim Çorbası

İçselliğin unsurları, çocukların gün boyunca meşgul oldukları her şeye dahil edilmelidir. Böylelikle, çocuk oyun oynayabilir, spor yapabilir, şarkı söyleyebilir, dans edebilir veya yemek yiyebilir, fakat gene de ruh hakkındaki konuşmaları dinler ve farklı konuları çalışır.

Okulda geçen zaman, çocuğun sabahtan akşama kadar içinde olduğu bir "çorba" haline, tek bir bütün haline gelmelidir. Bu çorba, insanı ve onun dünyasını ilgilendirir.

Bu şekilde büyüyen çocuklar, dünyayı tek bir bütün olarak görmeye başlarlar, tüm duyulara ve tüm kanallara açık olurlar ve bu onları yapılandırır.

Bunun yanı sıra, çocuklar toplumunun kendi aralarında geliştirdikleri ilişkilerden tutun da dünyaya karşı geliştirdikleri yaklaşıma kadar olan her şeyi içeren çalışmalarını, devamlı olarak tüm bu şeylere dahil etmeliyiz.

Çocuklara, realiteyi geniş ve bütüncül bir tavırla görmeyi öğretmeliyiz. Çocuk, evi okuldan, kendini dünyadan, algılanan dünyayı algının ötesindeki dünyadan ayırmamalıdır.

Bunun yerine,
Her şey tek bir bütün olarak
İçe dahil edilmelidir.

Çocuk diğer herkesle birleştiği
Ve onları "kendisinin" olarak hissettiği zaman,
Buna, "Dostunu kendin gibi sev," denir.

Farklı konular,
Sevilen ya da nefret edilen bir öğretmen,
Anlaştığı arkadaşlar
Ve anlaşmadığı arkadaşlar yoktur.

Hiçbir şey bölünmemiştir,
Ancak her şey şimdi
Ona hizmet etmek için mevcuttur.

Tek Bir Resim

Kabala bilgeliği, tüm bilimlerin ve tüm öğretilerin köküdür. Bu bilgeliği keşfetmeye başladığınız zaman, onun ışığında diğer tüm öğretileri de keşfedersiniz.

Cansız seviyede, bu fizik, kimya ve jeolojidir. Bitkisel seviyede, bitkibilim ve ekolojidir. Hayvansal seviyede, biyoloji, hayvanbilim ve tıptır. Sonra konuşan seviye önünüzde belirir. Kabala bilgeliği bu seviye ile ilgilenir.

Ancak, her şey tek bir resme bağlanmalıdır. Doğa tek bir bütün iken, onu farklı disiplinlere ayırırız. Bu yüzden de doğayı anlamayız. Ancak, çocuk her şeyi, manevi dünya da dahil olmak üzere tek bir dünya olarak algılar.

Dolayısıyla, eğer Doğayı disiplinlere bölmeden tek bir resim olarak öğretirsek, çocuklar doğayı daha iyi anlayacaklar.

Çocukları Grup Olarak Düzenlemek

Eğitimde, Kabala bilgeliğine göre, her çocuğa "grup" teriminin nasıl kullanılacağı öğretilmiştir.

Bu, yelken yapmak gibidir – son noktaya sadece ortak katılım ile varırız.

Çocuklar sınıflar içinde değil, gruplar içinde toplanmalıdır ve eğitimlerinin küçük bir toplumda veya bir "grup" içinde yapıldığını anlamalıdır, yani "grup eğitimi".

Diğer bir deyişle, pratik yapmak, oyunlar ve başka yollar aracılığıyla çocuklara imkân vermeliyiz ki, böylece ruhların birleşmesine yol açan bedenlerin birleşmesi durumunun ne anlama geldiğini anlasınlar.

Toplumdan Gelen Karşılık

Farz edin ki bir çocuk sınıfta kötü bir şey yaptı. Tüm sınıf buna şahit oldu ve çocuğu kınadı. Eğer kabahatli olan çocuk aynı davranışa devam ederse, diğer çocuklar onunla konuşmak ya da onu kabul etmek istemezler.

Toplumdan böyle bir tavır gelmesi, çocuğu çok güçlü bir şekilde etkiler. Bu durum, bir önceki davranışın tekrarını önleyecektir.

Cezalandırma Değil, Eğitim

Çocukların kendi cezalarını belirlemeleri gerekir; yoksa ortada bir eğitim olmaz, sadece cezalandırma olur.

Ayrıca, ceza hiçbir koşulda o andaki duyguların sonucu olmamalıdır.

Olayla ancak daha sonra, onun için belirlenmiş bir zamanda igilenmeliyiz. Tıpkı mahkemede olduğu gibi, bir gün davayla ilgili tutanak tutulur, başka bir gün dava tartışılır.

Olayı tartışma sırasında, çocukta birdenbire küçük bir şeytan gibi uyanan ve onun kötü şeyler yapmasına neden olan egoyu inceleriz. Çocuğun egoyu anlaması ve içimizde olana ilişkin birlikte yürüttüğümüz ortak çalışmanın farkına varması gerekir.

Yeni Bir Ödül ve Ceza Türü

Çocuklara öyle bir şekilde davranılmalı ki, ceza, ödül ve eylemin kendisi arasındaki ilişkiyi anlasınlar.

Onlar, cezanın ceza olmadığını fakat eğitim olduğunu anlamalıdırlar. Benzer şekilde, olumlu geribildirim bir ödül değil, doğru eylemin doğal ve doğru sonucudur. Çocuklar, olay ne olursa olsun, 'ebeveynlerin' ve 'eğitmenlerin' onlara karşı tavırlarının sadece onların iyiliği için olduğunu anlamalıdırlar.

Bu nasıl yapılmalıdır?

Eğitmen, çocuğun cezayı ceza olarak değil de, gelecekte benzer bir aykırı davranıştan kaçınmasına yardımcı olacak bir tür etki olarak algıladığı bir durum yaratmalıdır.

Hafta içinde özel bir zamanı, hafta boyunca olan her şeyi çocuklarla konuşmak üzere ayırmak en iyisidir.

Örneğin: "Şimdi bu ya da şu cezayı hak ediyorsun. Seni bu şekilde cezalandırmak doğru olacak mı? Ne düşünüyorsun? Böyle bir tavır, bir dahaki sefere kendini daha iyi gözlemlemene ve belirlediğimiz davranış sınırlarını kırmaktan kaçınmana yardım edecek mi? Hadi birlikte düşünelim; ne de olsa birlikte senin egon üzerinde çalışıyoruz."

"Şu an," dersiniz çocuğa, "Sen egona karşı objektif bir yargıç gibisin. Sen ve ben onu yandan inceliyoruz. İçindeki bu 'bela' ile ne yapabileceğimizi düşünüyorsun?"

Bu şekilde, çocuğun içindeki "insan" seviyesini yükseltir ve eğitiriz. Aksi takdirde, çocuk yanlış anlayacak, kızacak ve cezadan kurtulmanın yollarını arayacaktır.

Eğer biz doğru şekilde çalışırsak, çocuk ona bir yetişkin gibi saygılı bir şekilde davrandığımızı, onun egosuyla başa çıkmak için birlikte en iyi çözümü bulmaya çalıştığımızı anlamaya başlayacaktır.

Hayatı Doğru Şekilde Görmek

Çocukların içindeki realite için yavaş yavaş yeni bir yaklaşım inşa etmemiz gerekir.

Hayatı

Diğerleriyle bir rekabet olarak görmek yerine,

Hayata

Diğerleriyle başarılacak bir şey olarak bakmalıyız.

Bu şekilde, çocuklarımızı neslimizin sorunlarından koruyabileceğiz.

Okul Evde Başlar

Okul, evde ne oluyorsa ona yakın olmalıdır. Diğer bir deyişle, ebeveynler de çocuğun okuldaki meşguliyetlerine katılmalıdırlar.

Eğer okulda nasıl değişeceklerini,
Yaratılışın amacına nasıl yakınlaşacaklarını,
Nasıl bağ kuracaklarını tartışıyorlarsa,
Çocuk amacın bu olduğunu evde de duymalı
Ve yetişkinlerin aklında olanın da
Bu olduğunu görmelidir.

Bu şekilde çocuk, kendini yetişkinler toplumundan kopuk hissetmeyecek ve "Büyüdüğüm zaman ne istersem onu yapacağım. Sadece okulu bitirip buradan çıkmam gerek," tarzı düşünceler düşünmeyecektir. Bunun yerine, yetişkinlerin dünyasının da okulun uğraştığı aynı şeyle uğraştığını görecek ve bunu takdir edecektir.

Bu yüzden, öğretmenlerin, eğitmenlerin ve ebeveynlerin hepsinin, çocuklar gibi aynı içsel çalışmayla, aynı süreçle ilgili olmaları çok önemlidir.

Aktif Ortak

*Çalışma,
Çocuğu yetişkine eşit,
Aktif bir ortağa
Dönüştürmelidir.*

*O zaman çocukların
Nasıl bir güven ve gurur duyacaklarını
Hayal ediniz.*

İnsan Olmayı Öğrenmek

Kabala bilgeliği kişiye sadece kendi egoist dürtüleriyle çalıştığını öğrettiğinde, aynı zamanda kişinin bu egoist doğayı nasıl aşabileceğini ve nasıl içteki hayvanın üzerine çıkarak insan seviyesine yükselebileceğini de öğretir.

Bu okulda öğretilebilecek bir konudur.

Böyle bir okuldan mezun olan kişi, gerçekten insan olacaktır ve nasıl okuma, yazma ve hesap yapılacağından çok daha fazlasını bilecektir.

BÖLÜM İKİ
Rehber

Bırakın Sevgi Hüküm Sürsün

Eğitmen, o şekilde doğmuş bir kişidir.
Hâkimiyet için değil,
Dostluk için doğmuş kişidir.
Eğitmen, eğitmenin değil de,
Sevginin hüküm sürmesi gerektiğini hissedendir.

Çocuğun Yoluna Göre

Eğitim,
Eğitmenin yoluna göre değil,
Çocuğun yoluna göre olmalıdır.

Aksi takdirde,
Öyle bir kişi eğitmen olamaz.

İleriyi Görmek

Öğretmen,
Çok geniş bir vizyonu
Ve çok sağlam bir temeli olan biri olmalıdır.

Böyle bir kişi, öğrenciyi nereye yönlendireceğini ve çocuklarla birkaç yıl çalıştıktan sonra, sürecin sonunda ne tür öğrenciler görmeyi dilediğini tanımlamayı bilmelidir.

Öğretmen = Yetişkin Dost

Soru: Öğrenciler öğretmeni nasıl görmeliler?

Cevap: Yetişkin bir dost olarak.

Öğretmen, çocuklara dehşet veren ve onları korkutan biri değildir. Bilakis çocukların onun yakınlığını istedikleri biridir. Çocuklara sanki askerlikteymişler gibi "Kalk!" ya da "Otur!" diye söylenen bir çerçeve yaratmamalıyız. Bunun yerine, çocuklarla öğretmenlerin birlikte saatler geçirdiği dostane bir ortam olmalıdır.

Çocuklarla Bağ Kurmak

Rehberler gerçekten çocukların yanına inmeli, Onlarla iç içe olmalı ve bağ kurmalıdırlar.

Böyle bir durumun içindeyken, rehber ortaya birkaç soru atmalıdır. Böylece çocuklar bu soruları kendi aralarında çözümleyecekdirler. Ancak tüm inceleme grup içinde yapılmalıdır.

Çocukları Anlamak

Çocukları anlamak için onların seviyesinde olmalısınız.

Eğer daha büyükseniz, o zaman öğretmen ya da ebeveyn olursunuz.

Eğer daha küçükseniz, öğrenci olursunuz.

Eğer eşit olursanız, dost olursunuz.

Yani eğer çocukları anlamak
Ve onlarla bağ kurmak istiyorsanız,
Daha çok bir dost gibi olmalısınız.

Yukarı Çıkarmak İçin Aşağı İnin

Rehberlerin çocukların seviyesine inmeleri gerekir; yani onlarla dostların yaptığı gibi bağ kurmaları gerekir. Fakat bağ kurarken yavaş yavaş çocukların davranışını değiştirmelidirler.

Rehberler çocuklarla her türlü yere giderler. Onlarla her türlü şeyi yaparlar ve onlar gibi davranırlar. Fakat aynı zamanda, yavaş yavaş dizginleri ellerine alırlar ve çocuklar için yeni davranış biçimleri tasarlarlar.

Amaca Doğru Birlikte

Çocuklar ve ebeveynler aynı yüce amaca doğru birlikte hareket etmeliler ve öğretmeni çocuğun gelişiminden kopuk olarak bırakmamalılar.

Çocuk, öğretmenin de aynı gelişimden geçtiğini ve aynı amaç için çabaladığını hissetmelidir.

Öğretmen, Doğayla dengeye doğru aynı yolda yürümeye dair kendi deneyimlerine dayanarak, çocuklara halihazırda bildiklerinden biraz daha fazlasını gösterebilir. Öğrenim sırasındaki ortam böyle olmalıdır.

Öğretmen...

Öğretmen,
Nasıl yaşayacağınızı,
Nasıl hayatta kalacağınızı,
Dünyaya dair resmi nasıl anlayacağınızı öğretendir.
Öğretmen her şeydir.
Öğretmen,
İnsan olmanız için
Sizi şekillendirendir.

Öğretmen Olmak

Bir insanın oluşturulması ve çocukların hayata hazırlanması açısından, sadece manevi anlamda gelişmiş olan biri öğretmen olabilir.

Üniversiteden ya da başka bir yüksek öğrenim kurumundan henüz mezun olmuş bir kişi öğretmen olamaz.

Eğer o kişi çocukların içinde ne olduğunu henüz bilmiyorsa, dünyadaki doğru idareyi nasıl öğretecektir?

Rol Modeli

Eğitmenlerin rolü,
Genç nesle
Bir sonraki seviyenin örneğini
Sağlamaktır ki,
Her seferinde bir adım atarak
O seviyeye arzu duysunlar.

Ortaklar

Eğer ebeveynler ve öğretmenler
Çocukları yönlendirdikleri amacı takdir ederlerse,
Onlar ortak olurlar,
Birlikte ilerleyip,
Çocuklarla el ele gelişirler.

Eğitim Tutumla Başlar

Çocuklar nasıl davranıldıklarına göre,
Nasıl konuşulduklarına göre,
Ve gördükleri örnekler sayesinde gelişirler.

Bu yüzden rehber,
Her sözde,
Her eylemde
Ve her harekette,
Çocuklara karşı olan tutumu aracılığıyla
Onlara örnek olmalıdır.

"Yeni hiçbir şey yaratmıyoruz. Bizim işimiz sadece içimizde saklı olanı aydınlatmaktır."

Kotzk'lu Menahem Mendel

Önerilen Okumalar

BNEY BARUH HAKKINDA

Bney Baruh, Kabala bilgeliğini tüm dünya ile paylaşan büyük bir Kabalistler grubudur. 38 den fazla dildeki çalışma araçları bir nesilden diğerine geçmiş otantik Kabala metinlerini temel alır.

Mesaj

Bney Baruh dünya çapındaki binlerce öğrencinin birçok çeşitli hareketinden oluşmaktadır. Her öğrenci kendi kişisel koşullarına ve yeteneklerine göre kendi yolunu ve yoğunluğunu seçer.

Son yıllarda grup, orijinal Kabala kaynaklarını çağdaş bir dille sunan gönüllü eğitim projeleriyle uğraşan bir hareket olarak büyüdü. Bney Baruh tarafından dağıtımı yapılan mesajın özü insanların birlik olması, ulusların birliği ve insan sevgisidir.

Binlerce yıldır, Kabalistler insan sevgisinin yaratılışın temeli olduğunu öğretmektedirler. Bney Baruh kesinlikle Din, Irk, Dil, v.b. bir ayırım gözetmez. Bu sevgi Hz. İbrahim'in, Hz. Musa'nın ve onların kurduğu Kabalist grupların günlerinden beri hakim olmuştur. İnsan sevgisi temelsiz nefrete dönüştüğü zamanlarda, millet sürgün ve ızdırap içine düşmüştür. Eğer bu eski-ama-yeni değerler için bir yer açarsak, farklılıklarımızı bir kenara koyup birleşmek için gerekli olan güce sahip olduğumuzu keşfedeceğiz.

Bin yıldan beri gizlenmiş olan Kabala bilgeliği şimdi açığa çıkıyor. Bizim yeterince geliştiğimiz ve onun mesajını uygulamaya hazır olduğumuz bir zaman için bekliyordu. Bugün Kabala ulusların kendi içlerindeki ve uluslar arasındaki gruplaşmaları, ayrılıkları birey ve toplum olarak çok daha iyi bir durumda birleştirecek bir mesaj ve çözüm olarak ortaya çıkmaktadır.

Tarih ve Kökeni

Kabalist Michael Laitman, Ontoloji (Varlık Bilimi) ve Bilgi Kuramı Profesörü, Felsefe ve Kabala konusunda doktora, Tıbbi Bio-Sibernetik konusunda yüksek lisans yapmıştır ve 1991 de, hocası Kabalist Baruh Şalom HaLevi Aşlag'ın (Rabaş) vefatından sonra Bney Baruh adlı Kabalist grubunu kurmuştur.

Kabalist Michael Laitman akıl hocasını anmak için onun anısına grubuna Bney Baruh (Baruh'un Oğulları) adını verdi. Hayatının son 12 yılında, 1979 dan 1991 e kadar onun yanından hiç ayrılmadı. Kabalist Laitman, Aşlag'ın en önemli öğrencisi ve özel asistanıydı ve onun öğretim metodunun takipçisi olarak tanındı.

Rabaş 20.yüzyılın en büyük Kabalisti Yehuda Leib HaLevi Aşlag'ın ilk oğlu ve takipçisidir. Yehuda Aşlag, Zohar kitabı üzerine yazılmış en kapsamlı ve en saygın tefsirin yazarıdır. Sulam Tefsiri (Merdiven Tefsiri) manevi yükseliş için eksiksiz bir metod ifşa eden ilk Zohar tefsiridir.

Bney Baruh tüm çalışma metodunu bu büyük manevi liderler tarafından kazılmış yol üzerine temellendirir.

Kabala Dersleri

Yüzyıllardır Kabalistlerin yaptığı gibi ve Bney Baruh faaliyetlerinin odağındaki en önemli ögesi olarak, Kabalist Laitman Bney Baruh'un İsraildeki merkezinde her gün 03.00-

06:00 (İsrail ve Türkiye saatiyle) arası verdiği dersler yer almaktadır. Dersler simultane olarak 7 dilde; İngilizce, Rusşa, İspanyolca, Almanca, İtalyanca, Fransızca ve Türkçe olarak çevirilmektedir.

Tüm Bney Baruh faaliyetleri gibi canlı yayınlarda dünyanın her yerinden olan binlerce öğrenci için ücretsiz olarak sunulmaktadır.

Finansman

Bney Baruh Kabala bilgeliğini paylaşmak üzere kâr amacı gütmeyen bir organizasyon olarak kurulmuştur. Bağımsızlığını ve niyetlerin saflığını koruyabilmek için Bney Baruh hiçbir devlet ya da politik oluşum tarafından desteklenmemektedir, fonlanmamaktadır ya da hiçbir kuruluşa bağlı değildir.

Çoğunlukla bu aktiviteler ücretsiz olarak sunulduğu için, grup aktivitelerinin temel kaynağı öğrencilerin gönüllü olarak katkıda bulunmalarından oluşmaktadır.

Kabalist Michael Laitman'ın Kabala'yı Arayışı

Bir çok derste ve röportajda Kabala'ya nasıl geldiğim bana sürekli sorulan bir sorudur. Kabala'dan uzak bir takım konuların içerisinde olsaydım muhtemelen bu sorunun geçerliliğini anlayabilirdim. Ancak Kabala hayatımızın amacının öğretisidir; hepimize çok yakın ve her birimizi ilgilendiren bir konu! Dolayısıyla bence daha uygun bir soru, Kabala'nın kişinin kendisi ve hayat ile ilgili soruları içinde barındırdığını nasıl bulduğum olmalı. Yani soru, "Kabala'yı nasıl keşfettiniz?" değil, "Neden Kabala ile ilgileniyorsunuz?" olmalı.

Hâlâ çocukluk çağındayken, tıpkı bir çok insan gibi, neden var olduğum sorusunu sordum. Bu soru, dünyevi zevklerin peşinde koşarak bu soruyu bastırmadığım anlarda sürekli beni rahatsız ediyordu. Bununla beraber, bu soruyu defalarca suni şeylerle, örneğin ilginç bir meslek edinip kendimi yıllarca işime adayarak ya da uzun yıllar peşinde koştuğum kendi ülkeme göç etmekle bastırmaya çalıştım.

1974 yılında İsrail'e geldiğimde de hayatın manası nedir sorusuyla hâlâ boğuşuyordum; yaşamaya değecek bir neden bulmaya çalıştım. Elimdeki imkânları kullanarak eski konuları (politika, iş hayatı vs) farklı yorumlarla ele alıp herkes gibi olmaya çalışsam da hâlâ bu ısrarlı soruyu silip atamıyordum: Hangi nedenden dolayı tüm bu şeyleri yapmaya devam ediyorum? Diğer herkese benzeyerek ne elde ediyorum?

Maddi ve manevi zorlukların etkisiyle beraber realiteyle başa çıkamayacağımın farkına varmam 1976 yılında beni dindar bir hayat yaşamaya getirdi, ümidim bu hayat tarzının bana daha uygun düşünceler ve fikirler getireceği ve yapıma daha uygun olacağı inancıydı.

Hiçbir zaman insanlığa özel bir meylim olmadı, sosyal bilimler, psikoloji ya da Dostoyevski'nin derinliğinin değerini ölçecek bir ilgiye sahip değildim. Sosyal bilimlerdeki tüm ilgim hep alelâde seviyedeydi. Belli bir düşünce ya da hissin derinliğinden kaynaklanmıyordu.

Buna rağmen, çocukluğumun erken dönemlerinden beri bilime güçlü bir çekim hissediyordum ve sanırım bu bana çok faydalı oldu.

1978 yılında tesadüfen Kabala dersleri için bir reklam gördüm. Hemen gidip kayıt yaptırdım ve doğamın geleneksel heyecanıyla Kabala'ya daldım. Bir çok kitap aldım ve bazen haftalarımı bile alsa cevaplar bulabilmek için bu kitapları derinlemesine çalışmaya başladım.

Hayatımda ilk kez böylesine derinden, özümden etkilenmiştim ve anladım ki benim ilgi alanım buydu çünkü yıllardır kafamı karıştıran konuların hepsiyle ilgileniyordu.

Gerçek bir öğretmen aramaya başladım, tüm ülkeyi dolandım ve bir çok yerde derslere katıldım. Ama içimden bir ses sürekli esas Kabala'nın bu olmadığını söylüyordu, çünkü benden değil soyut ve uzak şeylerden bahsediyordu.

Tüm bulduğum hocaları terk ettikten sonra bana yakın bir arkadaşımın da Kabala'ya ilgi duymasını sağladım. Akşamlarımızı birlikte, bulabildiğimiz tüm Kabala kitaplarını çalışarak geçirirdik. Bu aylarca sürdü.

1980 yılında soğuk, yağmurlu bir kış gecesi, Pardes Rimonim ve Tal Orot kitaplarını çalışmak yerine, çaresizlikten, kendimi de şaşırtacak şekilde arkadaşıma Bney-Barak şehrine gidip bir hoca arayalım dedim.

Orada bir hoca bulursak derslere katılmak bizim için uygun olur diye de teklifimi haklı çıkarmaya çalıştım. O güne kadar Bney-Barak şehrini sadece birkaç kere Kabala kitapları ararken ziyaret etmiştim.

O gece Bney-Barak soğuk, rüzgarlı ve yağmurluydu. Kabalist Akiva ve Hazon-İsh dört yoluna geldiğimizde camı indirip sokağın öteki tarafında uzun siyah palto giymiş bir adama seslendim: "Buralarda nerede Kabala çalışırlar bana söyler misin?" Dinci bir mahallenin ne tür bir atmosferi olduğunu bilmeyenler için bu sorunun kulağa çok garip geleceğini söyleyebilirim. Kabala hiçbir dini eğitim okulunda öğretilmiyordu. Hatta Kabala'ya ilgi duyduğunu başkasına söyleyecek kişiler bile bulmak mümkün değildi. Ancak sokağın karşı tarafında duran bu yabancı, sanki hiç şaşırmamışçasına bana cevap verdi: "Sola dön ve turunç bahçelerine gelene kadar devam et, orada bir bina var. Orada Kabala öğretiyorlar."

Tarif edilen yere geldiğimizde karanlık bir bina bulduk. İçeriye girdiğimizde yan bir odada uzun bir masa gördük. Masada dört beş tane uzun ak sakallı adam vardı. Kendimi tanıttım ve Rehovot'tan geldiğimizi söyleyip Kabala çalışmak istediğimizi ekledim. Masanın başında oturan yaşlı adam bizi katılmaya davet etti ve ders bittikten sonra konuşuruz dedi.

Sonra ders Zohar Kitabı'ndan Sulam tefsiriyle bir bölüm okuyarak, yarı Aşkenazi (Yidiş) dili mırıldanarak ve sadece yarı bakışlarla insanların birbirlerini anladığı bir ortamda devam etti.

Bu insanları görüp dinledikten sonra sadece yaşlılıklarını geçirmek için bir araya gelen bir grup adam sandım, henüz akşam fazla geç değildi ve Kabala çalışabileceğimiz bir yer daha bulmak için zamanımız vardı. Ama arkadaşım beni durdurdu ve bu kadar kaba davranmamın uygun olmadığını söyledi. Birkaç dakika sonra da ders sona ermişti ve yaşlı adam kim olduğumuzu öğrendikten sonra telefon numaralarımızı istedi. Bizim için uygun bir hocanın kim olabileceğini düşünüp haber vereceğini söyledi. Bunun da çabamızı daha önceleri gibi boşa harcamaktan başka bir şey olmayacağını düşündüğümden telefon numaramı vermekte biraz çekingendim. Benim tereddüdümü hisseden arkadaşım kendi numarasını verdi. Ve iyi akşamlar diyerek oradan ayrıldık.

Ertesi akşam arkadaşım evime geldi ve yaşlı adamın kendisini arayıp bize bir hoca ayarladığını ve hatta ilk dersin o akşam olduğunu söyledi. Bir geceyi tekrar boşa geçirmek istemiyordum ama arkadaşımın arzusuna boyun eğdim.

Tekrar oraya gittik. Yaşlı adam bir başkasını çağırdı, kendisinden biraz daha genç fakat onun gibi beyaz sakallı biri; genç adama Yidiş dilinde birkaç kelime söyledi ve ayrılarak bizi yalnız bıraktı. Hocamız hemen oturup çalışmaya başlayalım dedi. Bir makale ile başlamayı tavsiye etti "Kabala'ya Giriş"; ben ve arkadaşım bu makaleyi daha önce defalarca anlamaya çalışmıştık.

Boş odadaki masalardan birine oturduk. Bizlere her paragrafı açıklayarak tek tek okumaya başladı. O anı hatırlamak benim için her zaman çok zordur; yıllarca arayıp da hiçbir yerde bulamadıktan sonra sonunda aradığımı bulduğuma dair keskin bir his vardı içimde. Dersin sonunda bir sonraki gün için ders ayarladık.

Ertesi gün bir kayıt cihazıyla geldim. Esas derslerin her sabah saat 3 ile 6 arasında olduğunu öğrendikten sonra, her gece gelmeye başladık. Ayrıca her ay yeni ayı kutlama yemeklerine de katılmaya başladık ve herkes gibi merkezin masraflarına katkıda bulunup aylık ödemelerimizi yapmaya başladık.

Her şeyi ille de kendim keşfedeceğim arzusuyla genellikle de biraz agresif olarak sık sık tartışmalara girdim. Ve bizlerle olan tüm olaylar grubun hocasına hep gidiyordu ve o da bizler hakkında sürekli soru soruyormuş. Bir gün bizim hocamız sabah dersinden sonra saat 7 gibi grubun büyük hocasının benimle "Zohar Kitabı'na Giriş" kitabını çalışabileceğini söyledi. Ancak, birkaç ders sonra benim bu derslerden hiçbir şey anlamadığımı görünce, kendi hocam aracılığıyla bu derslerin durdurulacağını söyledi.

Hiçbir şey anlamamama rağmen onunla çalışmaya devam etmeye razıydım. İçsel anlamlarına inebilme ihtiyacının dürtüsüyle, sadece mekanik olarak okumaya bile hazırdım. Çok alınmama rağmen zamanımın gelmediğini bilmiş olsa gerek ki dersleri sona erdirdi.

Aradan altı yedi ay geçti ve bizim hocamız vasıtasıyla büyük hocamız onu arabamla doktora götürüp götüremeyeceğimi sormuş. Elbette hemen kabul ettim. Yolda bana bir çok konudan bahsetti. Ben ise ona Kabala ile ilgili sorular sormaya çalışıyordum. Ve o yolculukta bana, şu an ben hiçbir şey anlamıyorken benimle her şeyden konuşabileceğini ama gelecekte anlamaya başladıkça benimle bu kadar açık konuşmayacağını söyledi.

Ve aynen söylediği gibi oldu. Yıllarca sorularıma cevap vermedi bana şöyle derdi "Kimden talep edeceğini biliyorsun" yani Yaradan'dan bahsediyordu, "talep et, sor, yalvar, iste, ne istiyorsan yap, her şeyi O'na yönlendir ve her şeyi O'ndan talep et!"

Doktor ziyaretlerimiz pek bir işe yaramadı ve kendisini kulak iltihabından koca bir ay hastaneye yatırmak zorunda kaldık. Bu zamana kadar hocamı bir çok kez doktora götürdüm; ve hastaneye alındığı gün geceyi onun yanında geçirmeye karar verdim. Tüm bir ay boyunca hastaneye sabah 4'de gelir, telleri tırmanır, görünmeden binaya girerdim ve çalışmaya başlardık. Tüm bir ay boyunca! O zamandan sonra Kabalist Baruh Şalom Halevi Aşlag, Baal HaSulam'ın en büyük oğlu, benim hocam oldu.

Hastaneden ayrıldıktan sonra, sık sık parklara uzun yürüyüşlere gittik. Bu yürüyüşlerden döndükten sonra duyduğum her şeyi harıl harıl yazardım. Bu sık yürüyüşler her gün üç dört saat sürerdi ve zaman içinde alışkanlık oldu.

İlk iki yıl boyunca hocama sürekli daha yakına taşınabilir miyim diye sordum, ama yakında oturmamın bir gereklilik olmadığını hatta Rehovot'a gidiş gelişlerimin manevi çalışma açısından çaba olduğunu söyledi. Ancak, iki yıl sonra hocam yakına taşınmamı ve Bney-Barak'ta yaşamamı kendisi tavsiye etti ve nedendir bilinmez pek bir acelem yoktu. O kadar yavaş hareket ediyordum ki bu konuda, hocam gidip benim için kendisine yakın bir apartman dairesi buldu ve taşınmamı söyledi.

Hâlâ Rehovot'ta yaşarken hocama daha önce katıldığım bir merkezde Kabala çalışmaya teşebbüs eden birkaç kişiye ders verebilir miyim diye sordum. Bu haberi fazla heyecanlı karşılamasa da daha sonraları derslerimin nasıl gittiğini sordu. Kendisine Bney-Barak'taki grubumuza yeni kişileri davet edebileceğimi söylediğim zaman kabul etti.

Sonuç olarak bir çok genç erkek grubumuza katıldı ve birden tüm merkez cıvıl cıvıl hayat dolu bir yer oldu. İlk altı ayda yaklaşık on kadar düğün oldu. Hocamın hayatı ve günleri sanki yeni bir anlam kazanmıştı. Birçok insanın Kabala çalışmak istediğini görmesi kendisini çok memnun etmişti.

Günümüz genellikle sabah saat 3'de başlardı ve sabah saat 6'ya kadar çalışırdık. Her gün sabah saat 9'dan 12'ye kadar parka yürüyüşe ya da denize giderdik.

Döndükten sonra ben evime çalışmaya giderdim. Sonra tekrar eve giderdim ve sabah saat 3'de tekrar derse katılırdım. Bu şekilde yıllarca devam ettik. Tüm dersleri kasete kayıt ederdim, derslerin kayıtları bini geçti.

Son beş yılımızda, 1987'den itibaren, hocam beraber Tiberlas'a yolculuk etmemizin iyi olacağını söyledi ve her iki haftada bir iki günlüğüne Tiberias'a giderdik. Bizi herkesten ayıran bu geziler aramızda bir yakınlaşmaya sebep oldu. Ama zamanla aramızdaki manevi algılayışın farkından kaynaklanan mesafe içimde giderek büyümeye başladı ve bu mesafeyi nasıl kapatacağımı bir türlü bilemedim. Bu mesafeyi, o yaşlı adamın her defasında fiziksel bir ihtiyacı nasıl geri çevirerek mutlu olduğunu net olarak algılayabildiğimde görebiliyordum.

Onun için sonucun net olduğu bir şey kanundu, ister yorgun olsun ister hasta günlük çalışma programı son derece disiplinli uygulanıyordu. Yorgunluktan yığılacak bile olsa günün gerekli olan tüm planını her detayıyla eksiksiz yerine getirirdi ve üstlendiği hiçbir şeyi tam halletmeden bırakmazdı. Yorgunluktan nefessiz kalıp, nefes darlığı çekmesine rağmen bir dersini bile atlatmaz, sorumluluğunu hiçbir zaman bir başkasına devretmezdi.

Onun bu olağanüstü gücünün, amacının yüceliğinden ve Yaradan'dan geldiğini bilmeme rağmen, onu sürekli böyle gördüğümde kendime olan güvenim sarsılır ve başarılı olma ihtimalimin olmadığını düşünürdüm.

Onunla T'veria ve Meron dağına yaptığımız gezilerin bir anını bile unutmam mümkün değil. Uzun geceler onun karşısında oturur, bakışlarını, sözlerini ve mırıldandığı şarkıları içime alırdım. Bu hatıralar içimde hâlâ yaşıyor ve bugün bile benim yolumu belirleyip rehberlik ediyorlar. On iki yıl boyunca her gün bire bir çalışmamızdan içimde kalan tüm bilgi, bağımsız olarak yaşıyor ve işliyor.

Sık sık hocam bir konuşmasından sonra çok alakasız bir cümle söylerdi ve bunu bu cümlelerin dünyaya girip yaşaması ve işlevlerini yerine getirdiğinden emin olmak için yaptığını söylerdi.

Grup çalışması Kabalistler tarafından çok eski zamanlardan beri yapılmaktadır ve ben de hocamdan yeni gelenlerden böyle gruplar oluşturmasını ve bu grupların bir araya gelmelerini düzenleyecek yazılı bir plan talep ettim. Bu şekilde haftalık makale yazmaya başladı ve hayatının son günlerine kadar da devam etti.

Sonuç olarak bizlere kendisinden sonra bir araya getirdiğimiz bir çok ciltlik muazzam materyal kaldı ve yıllar boyunca biriktirdiğim kayıtlarla birlikte, Kabala ilmi üzerine çok geniş kapsamlı anlatımlar oluşturduk.

Yeni yıl kutlamaları esnasında, hocam aniden göğsündeki bir baskıdan dolayı rahatsızlandı. Ancak çok yoğun ısrardan sonra tıbbi bakıma girdi. Doktorlar kendisinde hiçbir hastalık ya da rahatsızlık bulamadılar, ama Tişrei ayının beşinci gününde 5752 (1991) yılında vefat etti.

Son yıllarda gruba katılan bir çok öğrenci hâlâ Kabala çalışmaya devam etmekte ve yaratılışın içsel anlamını araştırmaktadır. Öğreti yaşamaya devam etmektedir, tıpkı geçmiş yüz yıllarda olduğu gibi. Kabalist Yehuda Aşlag ve onun büyük oğlu, hocam Kabalist Baruh Aşlag, çabalarıyla bu öğretiyi bizim neslimizin ve zamanımızda dünyamıza inen ruhların ihtiyacına göre uyarladılar.

Manevi bilgi Kabaliste Yukarıdan kelimeler olmadan aktarılır ve tüm duyu organları ve akıl tarafından eş zamanlı algılanır. Dolayısıyla, bütünüyle anında algılanır.

Bu bilgi sadece bir Kabalistten, ya aynı ya da daha Üst Seviyedeki bir başka Kabaliste aktarılabilir. Aynı bilgiyi henüz o manevi seviyeye ya da manevi dünyaya gelmemiş bir insana aktarmak mümkün değildir, çünkü bu kişi gerekli algıdan yoksundur.

Bazen bir hoca kendi perdesiyle (Masah) öğrencisini geçici olarak kendi bulunduğu manevi seviyeye çekebilir. Bu durumda, öğrenci manevi güçlerin ve hareketlerin özüyle ilgili bir nosyon edinebilir.

Manevi dünyaya henüz geçmemiş bir kişi için standart bilgi aktarım yöntemleri uygulanır: yazılar, sözlü anlatım, direkt iletişim, kişisel örnek vs.

"Yaradan'ın İsimleri" adlı makaleden de bildiğimiz gibi harflerin tarifi anlamının ötesinde bir şey, yani içsel manevi mesajı aktarmak için kullanılabilir. Ancak kişi manevi anlamlarına tekabül eden algıları edinmediği sürece, kelimeleri okumak masaya boş tabaklar koymak ve yanlarına güzel yemeklerin isimlerini yazmak gibidir.

Müzik daha soyut bir şekilde bilgi aktarmaktadır. Bizim dünyamızı yöneten ve yedi kısımdan ya da Sefirot'tan oluşan manevi varlık "Atsilut'un Partsuf Zer Anpin'i" gerçeğinin ışığı altında, tıpkı görünebilen bir ışık gibi, yedi temel güç -nitelik- tonudadır.

Bulunduğu duruma göre, kişi müziği besteleyen Kabalistin manevi koşullarını çıkarabilir. Bu kişi melodiyi oluşturan Kabalistle aynı seviyede olmak zorunda değildir; içsel manasını kişisel manevi derecesinin mümkün kıldığı kadarıyla kavrayabilir.

1996, 1998 ve 2000 yıllarında Baal HaSulam ve Rabaş'a ait üç müzik diski kaydedilmiş ve çıkartılmıştır. Melodiler Kabalist Laitman'ın hocası Kabalist Aşlag'dan duyduğu şekilde sunulmuştur. Sözlere ek olarak, melodilerin sesleri de bir çok Kabalistik bilgi taşımaktadır.

Kabala Bilimi - Herkes İçin Manevi İlim Kitabı

Çağımızın büyük Kabalistlerinden Yehuda Aşlag ve onun oğlu ve varisi Baruh Şalom Aşlag, yaşamın temel sorusuna cevap getirir: Hayatımın anlamı ne? Zohar ve Yaşam Ağacı kitaplarının yorumlarına dayandırılan bu kitapla günlük yaşamda Kabala ilminden nasıl faydalanacağımızı öğreniriz. Büyük Kabalistlerin otantik metinlerine ilave olarak, bu kitap, bu metinlerin anlaşılmasını sağlayan pek çok yardımcı makaleyle birlikte, Kabalistlerin deneyimlediği Üst Dünyaların evrimini betimleyen çizimlerden oluşur.

Kabala Bilimi kitabında, Baruh Aşlag'ın kişisel asistanı ve baş öğrencisi Michael Laitman, manevi dünyaları edinmeyi amaçlayan Kabala öğrencileri için kadim makaleleri uyarlamıştır. Laitman günlük derslerini bu ilham verici makalelere dayandırarak, Üst Alemlere muhteşem yolculuğumuzda izleyeceğimiz manevi yolu daha iyi anlamamız için bizlere yardımcı olur.

Merdivenin Sahibi

İnsanlık tarihinin en yıkıcı çağının şafağında, 20. yüzyılda, gizemli bir adam insanlık ve onun acılarının alışılmadık çözümüyle, sosyo-politik arenada ortaya çıktı. Kabalist Yehuda Ashlag, yazılarında açıklıkla ve tüm detaylarıyla öngördüğü savaşları, karışıklıkları ve daha çarpıcı olarak da bugün yüz yüze kaldığımız ekonomik, politik ve sosyal krizi anlattı. Birleşmiş bir insanlık için duyduğu derin özlem, onu Zohar Kitabını açmaya -ondaki eşsiz gücü- herkes için ulaşılabilir yapmaya zorladı.

Kabalist, kabala, maneviyat, özgür seçim ve realitenin algısıyla ilgili bildiğinizi düşündüğünüz her şeye arkasını dönen, sinematik bir romandır. En yüksek edinim derecesine ulaşmış, tüm realiteye hükmeden tek güçle direkt temas içindeki insanın, hissiyatını ve içsel çalışmasını aktarmaya çalışan kendi türündeki ilk romanıdır.

Kabalist, bilimsel bir açıklık ve şiirsel bir derinlikle birlik mesajı verir. Dinin, milliyetin, mistisizmin, uzay ve zamanın şeffaf yapısının ötesine geçerek, bize tüm insanlıkla beraber doğayla ahenk içinde olduğumuzda, tek mucizenin içimizdeki mucize olduğunu gösterir. Bize hepimizin Kabalist olabileceğini gösterir.

Ölümsüz Kitabın Sırları

Musa'nın beş kitabı, tüm zamanların en çok satan kitabı Tora'nın parçasıdır. Bu şekliyle Tora, şifreli bir metindir. Masalların ve efsanelerin altında, insanlığın en yüksek seviyeye doğru yükselişini— Yaradan'ın edinimi- anlatan bir alt metin saklıdır.

Ölümsüz Kitabın Sırları, Tora'nın Yaratılış ve İsrail Halkının Mısır'dan sürgünü hikayeleri gibi en gizemli ve sıklıkla alıntı yapılan dönemlerinin şifresini çözer. Yazarın enerjik ve kolay anlaşılır üslubu, insanın kendi dünyasını sadece arzu ve niyetle değiştirebildiği realitenin en derin seviyelerine, mükemmel bir giriş yapmanızı sağlar.

Kitabı okurken Tora'da anlatıldığı gibi olmuş veya olmamış fiziksel olayların seviyesinin ötesine geçiş yapacaksınız. İçinizde Firavun, Musa, Adem, Havva, hatta Habil ve Kabil'in olduğunu keşfedeceksiniz. Onların hepsi sizin bir parçanız. Onları içinizde keşfettikçe ve Ölümsüz Sevgiye, Yaradan'ın edinimine doğru ilerledikçe, bu gizli realitenin muhteşem hazineleriyle bizi ödüllendiren Yaradan'ın sonsuz sevgisini de keşfedeceksiniz.

Kişisel Çıkar Özgecilliğe Karşı

Bu kelimelerin yazıldığı zaman, dünya hala İkinci Dünya Savaşından beri en uzun gerileme sürecini geçiriyor. Tüm dünyada on milyonlarca insan, işlerini, birikimlerini, evlerini ve en önemlisi gelecekleri için olan ümitlerini kaybettiler.

Ancak krizler tarih boyunca sürekli olağandı. Bu krizi geçmiş krizlere kıyasla farklı kılan insanoğlunun şu anki gerginliğinin yapısıdır. Toplumumuz çatışma içeren iki uç noktaya doğru çekilmiştir – bir taraftan globalleşme ile gelen bağımlılık ve öteki taraftan da giderek büyüyen kişisel, sosyal ve politik narsizm. Bu koşul dünyanın daha önce hiç görmediği bir felaketin oluşumu!

Bu karanlık geleceğin önüne geçebilmek için, Kişisel Çıkar Özgecilliğe Karşı, bu dönemde dünyanın önünde bulunan sorunlarına yeni bir perspektif getirerek, insanoğlunun bir dizi hatasına bağlamaktansa, gereklilikten büyüyen egoizminin sonucu olarak değerlendirmektedir. Bu anlayışla, kitap egomuzu bastırmak yerine, toplumun iyiliği için kullanmanın gerekliliğini dile getirmektedir.

Kabala ve Bilim

Prof. Michael Laitman eşsiz ve etkileyici bir kişilik: Kabala ve bilimin sentezini anlaşılır bir şekilde gerçekleştiren yetenekli bir bilimadamı

—Daniel Matt, Tanrı ve Big Bang kitabının yazarı: Bilim, maneviyat ve Zohar arasındaki harmoniyi keşfetmek.

Bu gezegendeki geleceğimiz için kritik tercihler yapacağımız bir dönemde, kadim Kabala bilgeliği seçeneklerimizi hem arttırdı hem de yeniledi. Klasik kutsal yazılarda yer alan bilgelik, yüzleşmekte olduğumuz ve önümüze açılan fırsatları taşıyabilmemiz için getirilmeli ve bu mesaj tüm dünyada tüm insanlara ulaşılabilir yapılmalı. Prof. Michael Laitman, diğerlerinden farklı olarak bu çok önemli meydan okumayı başarmaya ve bu tarihi görevi yerine getirmeye yetecek güçtedir.

—Prof. Ervin Laszlo, Kaos Noktası, Bilim ve Akaşik Alan kitabı da dahil 72 kitabın yazar : Herşeyin Birleşik Teorisi

Kadın ve Kabala

Bir arzu sonucu ortaya çıkanı ellerinizde tutuyorsunuz. Birçok kadın bir araya gelerek, yeni gelen bütün kadınlara Kabala çalışmasında yardımcı olabilmek için bu kitapçık üzerinde çalıştı. Toplanan soruların tümü Bney Baruh Kabala Eğitim Merkezine yeni başlamış olan kadın öğrencilerin sordukları sorulardan olulmaktadır. Cevaplar Dr. Laitman'ın kitaplarından, derslerinden ve konuşmalarından alınmıştır. Sorulan sorular bizim maneviyatı edinmek isteme ihtiyacımızdan ortaya çıkmıştır: bizler buna açız, kalplerimiz bunun ağırlığında haykırıyor. Bizler kendimizi her şeyi yapabilecek duruma hazır, amaca doğru erkeklerimizi desteklemeye hazır buluyoruz.

Dr. Laitman bize der ki: "Kadınların karşılıklı sorumluluk hissiyatı içerisinde erkekleri uyandırmak ve onları bir araya getirmek için bağ kurmaları gerekir ki, erkekler birbirleri ile bağ kursunlar ve bu birlik sayesinde maneviyata erişsinler. Daha sonra erkekler arasındaki bu bağ ve karşılıklı sorumluluk sayesinde maneviyat kadınlara da geçecektir. Bunun sonucunda herkes bir bütün olacaktır –ulusun erkek ve dişi parçası veya bütün insanlığın."

Işığın Tadı

"Bu nesilde bulunduğum için mutluyum zira artık Kabala Bilgeliğini yaymak mümkün."

Kabalist Yehuda Aşlag – Baal HaSulam

Binlerce yılın sonunda gizli olan Kabala Bilgeliği bizim neslimizde ifşa olmaya başladı. "Işığın Tadı" adlı bu kitap bilgeliğin üzerine bir pencere açmakta. Kitap, günümüzün her bireyi için ilk defa duygularında tadacağı bir lezzet ve kalplerinde yoğun bir anlayış sağlayacaktır.

Bu kitap neslimizin en yüce kabalisti Dr. Michael Laitman'ın her sabah verdiği canlı derslerden derlenmiştir.

Kabalanın Sesi

Bizim neslimizin en sonuncusu olan Büyük Kabalist Baruh Aşlag'ın öğrencisi ve kişisel asistanı olmak benim için çok büyük bir ayrıcalıktır. Basitçe söylemek gerekirse, tüm içtenlik ve sevgimle ondan öğrendiklerimi okuyucularla paylaşmaktan çok mutlu olacağım.

Dr. Michael Laitman

Kabala'nin Sesi, Kabala makalelerinden seçilerek ve derlenerek hazırlanmış olup, bu otantik bilgeliğin zengin ve tam bir mozaiğini meydana getiren on bölümden oluşmaktadır.

Bir Demet Başak Gibi

Neden Birlik ve Karşılıklı Sorumluluk Bu Zamanın Çağrısıdır

Bu kitap, bazı Yahudilerin en ürkütücü ve gizemli sorularına ışık tutar: Bu gezegendeki rolümüz nedir? Bizler gerçekten "seçilmiş insanlar mıyız?" Eğer öyle isek, ne için seçildik? Anti-Semitizme neden olan nedir ve bu iyileştirilebilir mi?

Tüm zamanların Yahudi tarihçileri ve bilgelerinin sayısız referansının kullanıldığı bu kitap, Yahudilerin ulaşmak istediği ama bir o kadarda tanımlaması zor hedefini yerine getirmek için bir yol haritası sunar: sosyal bağlılık ve birlik. Gerçekte birlik, yalnızca Yahudilerin bunu sabırsızlıkla bekleyen dünyaya vereceği bir hediyedir.

Birlik olduğumuzda ve bunu tüm dünyayla paylaştığımızda huzur, kardeş sevgisi ve mutluluk tüm dünyada sonsuza kadar hüküm sürer.

Kabalaya Uyanış

Dünyanız değişmeye hazır. Bu neslin en büyük Kabalistinin rehberliğinde sizde bunu gerçekleştirin. Micheal Laitman, Kabalayı Yaradan'a yaklaşmayı sağlayan bir bilim olarak görür. Kabala yaratılış sistemini, Yaradan'ın bu sistemi nasıl yönettiğini ve yaratılışın bu seviyeye nasıl yükseleceğini çalışır. Kabala manevi doyuma ulaşma metodudur. Kabala çalışması ile siz de kalbinizi ve sonuç olarak yaşamınız başarıya, huzura ve mutluluğa doğru nasıl yönlendireceğinizi öğrenirsiniz.

Kadim ilim geleneğine bu farklı, özel ve hayranlık uyandıran girişiyle büyük Kabalist Baruh Aşlag (Rabaş)'ın öğrencisi Laitman bu kitapta, size Kabalanın temel öğretilerinin derin anlayışını ve bu ilmi başkalarıyla ve etrafınızdaki dünyayla ilişkilerinizi netleştirmek için nasıl kullanacağınızı anlatır. Hem bilimsel hem de şiirsel bir dil kullanarak, maneviyatın ve varoluşun en önemli sorularını araştırır:

Hayatımın anlamı ne? Neden dünyada keder var? Reenkarnasyon manevi yaşamın bir parçası mı? Mümkün olan en iyi varoluş aşamasını nasıl edinebilirim?

Bu eşsiz rehber, dünyanın ötesini ve günlük hayatın sınırlamalarını görmeniz, Yaradan'a yaklaşmanız ve ruhun derinliklerine ulaşmanız için size ilham verecek.

Erdemliliğin Yolu

Bugün Kabala Bilgeliğinin insanlığa bir mesajı var:

Günümüzün sorunlarını ancak birlik ve beraberlikle çözüme ulaştırabiliriz. Problemler raslantısal değil, onları gözardı etmemeliyiz. Dahası, oluşan durumu doğru bir biçimde değerlendirebilirsek hayatımız yeni, mutluluk ve sükunet dolu bir yöne akmaya başlayacaktır. Gelişi güzel değil, gayet bilinçli bir şekilde yaşamımıza yön verebiliriz.

Üst Dünyaları Edinmek

Micheal Laitman'ın sözleriyle, "Özü tam bir özgecilik ve sevgi olan manevi nitelikleri anlamak, insan idrakinin ötesindedir. Bunun sebebi insanoğlunun bu tip hislerin var olabileceğini kavrayamaması ve herhangi bir eylemi yerine getirmek için teşvik bekleyip, kişisel kazanç olmadan kendini büyütmeye hazır olmamasından kaynaklanmaktadır. Bu sebeple özgecilik gibi bir nitelik, insana Üstten verilir ve sadece deneyimleyenler bunu anlayabilir."

Üst Dünyaları Edinmek, yaşamımızda manevi yükselişin muhteşem doyumunu keşfetmemize olanak sağlayan ilk adımdır. Bu kitap, sorularına cevap arayan ve dünya fenomenini anlamak için güvenilir ve akılcı bir yol arayan tüm insanlar içindir. Kabala ilmine bu muhteşem giriş, aklı aydınlatacak, kalbi canlandıracak ve okuyucuyu ruhunun derinliklerine götürecek olan farkındalığı sağlar.

Zoharın Kilidini Açmak

Zohar Kitabı(Aydınlığın Kitabı), şimdiye kadar yazılmış en gizemli ve yanlış anlaşılan yapıtlardan biridir. Yıllar boyunca kendinde uyandırdığı hayranlık, şaşkınlık ve hatta korku emsalsizdir. Bu kitap tüm Yaratılışın sırlarını içermesine rağmen, bugüne kadar bu sırların üzeri bir gizem bulutuyla örtülmüştür.

Şimdi Zohar, insanlığa yol göstermek için ilmini tüm dünyanın gözleri önüne sermektedir, şöyle yazıldığı gibi (VaYera, madde 460), "Mesih'in günleri yaklaştıkça, çocuklar bile ilmin sırlarını keşfedecek." 20. Yüzyılın büyük Kabalistlerinden Yehuda Aşlag (1884-1954), bize Zohar'ın sırlarını açığa çıkaracak yepyeni bir yol göstermiştir. Bu yüce Kabalist, yaşamlarımıza hükmeden güçleri bilmemize yardım edecek ve kaderimize nasıl hükmedeceğimizi öğretecek, Zohar Kitabına giriş niteliğindeki dört kitabı ve Sulam (Merdiven) Tefsirini yazmıştır.

Zohar'ın Kilidini Açmak, üst dünyalara nihai yolculuğun davetiyesidir. Kabalist Dr. Michael Laitman, bilgece bizi Sulam Tefsirinin ifşasına götürür. Bu şekilde Laitman, düşüncelerimizi düzenlemekte ve kitabı okumaktan kaynaklanan manevi kazancımızı arttırmaktadır. Zohar Kitabıyla ilgili açıklamaların yanı sıra kitap, bu güçlü metnin kolay anlaşılması ve okunmasını sağlayan, özenle çevrilmiş ve derlenmiş Zohar kaynaklı sayısız ilham verici alıntıya da yer vermiştir.

Kalpteki Nokta

Hayatın elimizden kayıp gittiğini hissettiğimizde, toparlanmak için zamana ihtiyacınız olduğunda ve düşüncelerinizle baş başa kalmak istediğinizde, bu kitap içinizdeki pusulayı yeniden keşfetmenize yardım edecek. Kalpteki Nokta, ilmi sayesinde tüm dünyada ve Kuzey Amerika'da kendini ona adamış öğrenciler kazanmış bu insanın makalelerinden oluşan eşsiz bir kitaptır. Dr. Michael Laitman bir bilim adamı, Kabalist ve büyük saygı uyandırarak kadim ilmi temsil eden büyük bir düşünürdür. Bu fırtınalı günlerde popüler www.kabbalah.info sitesi vasıtasıyla, gerçeği ve sonsuz huzuru arayanlar için umut ışığı olmaktadır.

Açık Kitap

Bu kitap çok temel görünse de, Kabala'nın temel bilgisini ifade eden bir kitap olma niyetini taşımıyor. Daha ziyade, okuyucuların Kabala kavramlarına, manevi nesnelere ve manevi terimlere yaklaşımını ilerletmeye yardım içindir.

Kişi bu kitabı defalarca okuyarak içsel görüş ve duyu geliştirir ve daha önce içinde var olmayana yaklaşır. Bu yeni edinilen görüşler, sıradan duyularımızdan gizlenmiş olan boşluğu hisseden algılayıcılar gibidirler.

Dolayısıyla, bu kitap manevi terimlerin düşüncesini geliştirmeye yardım amaçlıdır. Bu terimlerle bütünleştiğimiz ölçüde, tıpkı bir sisin kalktığı gibi, etrafımızı saran manevi yapının ortaya çıkışını içsel gücümüzle görmeye başlayabiliriz.

Yine, bu kitap olguların çalışılmasını hedeflememiştir. Bunun yerine, yeni başlayanların sahip oldukları en derin ve en güç algılanan hisleri uyandırmak için yazılmış bir kitaptır.

Dost Sevgisi

Grubun Amacı

Burada, Baal HaSulam'ın yolunu ve metodunu takip etmek isteyen herkes, bir grup olmak için bir araya geldik ki hayvan olarak kalmayalım ve insan denilen varlığın derecelerinde yükselelim.

Rabaş'ın Yazıları, 1. Bölüm, "Topluluğun Amacı"

Erdemliliğin İncileri

Erdemliğin İncileri, tüm nesillerin büyük Kabalistlerinin yazılarından, makalelerinden özellikle de Zohar Kitabının Sulam(Merdiven) Tefsirinin yazarı Yehuda Aşlag'dan derlenen alıntılardan oluşur. Bu yapıt, kaynağı referans alarak, insan yaşamının her aşamasıyla ilgili Kabalanın yenilikçi kavramlarını açıklar. Kabala çalışmak isteyen herkes için eşsiz bir hediyedir.

İlişkiler

"Bilim ve kültürün gelişiminin yanı sıra, her nesil kendinden sonra gelen nesle, biriktirdiği ortak insanlık tecrübesini aktarır. Bu bellek bir nesilden diğerine, çürümüş bir tohumun enerjisinin yeni bir filize geçmesi gibi geçer. Belleğin aktarımında var olan tek şey, Reşimo veya enerjidir. Maddenin çürümesi gibi, insan bedeni de çürür ve tüm bilgi yükselen ruha aktarılır. Daha sonra bu ruh yeni bedene yerleşir ve bu bilgiyi veya Reşimo"yu hatırlar.

Genç bir çiftin çocuğunun dünyaya gelişinde tohumdan gelen bilgiyle, ölmüş bir insanın ruhunun yeni bir bedene geçerken beraberinde getirdiği bilgi, arasındaki fark nedir? Neticede anne ve baba hayatta ve çocukları da onlarla beraber yaşıyor! Hangi ruhlar, onların çocukları oldu?

Yüzyıllar boyunca tüm uluslar, doğal olarak sahip oldukları tüm bilgiyi miras yoluyla çocuklarına geçirmek için büyük bir arzu duydular. Onlara en iyi ve en değerli olanı aktarmak istediler. Bunu aktarmanın en iyi yolu yetiştirme tarzı, bilgiyi öğretmek, kutsal olduğu düşünülen fiziksel eylemler yöntemi ile düzenli toplum oluşturmaya çalışmak değildir.

Kabalanın Temel Kavramları

Bu kitabı okuyarak kişi daha önce var olmayan içsel alametler geliştirir.

Bu kitap, manevi terimlerin analizini hedefler. Bu terimlere uyumlu olmaya başladıkça, etrafımızı saran manevi yapının tıpkı bir sisin kaybolmaya başlaması gibi örtüsünü açmaya başladığına tanık oluruz.

Kabala kitapları, Baal HaSulam'ın dünyayı kötülüklerden kurtarmanın sadece ıslah metodunu yaymaya bağlı olduğunu belirten yönlendirmelerini izlemeyi amaçlamıştır, tıpkı şöyle dediği gibi, "Eğer gizli olan ilmi kitlelere nasıl yayacağımızı bilirsek, kurtuluşun tam eşiğindeki bir nesil oluruz."

Bu gerçekleştirmenin tek yolu olan Kabala kitaplarını tüm dünyayla paylaşmak olduğunu biliyoruz. Bu sebeple tüm bu kitapları internette ücretsiz olarak yayınlıyoruz. Amacımız her köşeye bu ilmi mümkün olduğunca yaymaktır. Basılmış kitapları pek çok insana ulaştırabilir, onlar vasıtasıyla ilmin başkalarına yayılmasına yardım edebilirsiniz.

Kabalanın İfşası

Kabalaya gizli ilim denilmesinin 3 nedeni vardır. Birincisi kabalistler tarafından özellikle gizlenilmiş olduğundan. Kabalanın insanlara öğretilmesi ilk 4000 yıl kadar öncelerine Hazreti İbrahim'e dayanmaktadır MÖ 1947-1948 yıllarına. Milat tarihinin başlangıcına kadar geçen 2000 yıllık süreçte bu öğreti gizlenmeden halka öğretilmekteydi. Hz İbrahim'in çadırının önünde oturup geçen yolculara gösterdiği misafirperverlik hikâyesini biliyoruz. Sunduğu yiyecek ve içeceklerle birlikte aynı zamanda insanlara bu ilmi anlattığını da biliyoruz. O dönemlerde var olan ruhlar bizim neslimize göre daha arıydılar ve bu öğretiyi daha doğal olarak anlayabildiler.

Kabalanın Gizli Bilgeliği

Artan krizler dünyasında, fırtınanın ortasında bir ışığa, yanlış giden şeylerin nereden kaynaklandığını görmemizi sağlayan ve en önemlisi de dünyamızı ve yaşamlarımızı daha huzurlu ve yaşanabilir kılmak için ne yapmamız gerektiğini öğreten bir rehbere ihtiyacımız var. Bu temel ihtiyaçlar sebebiyle bugün Kabala ilmi milyonlara ifşa olmuştur. Kabala, yaşamı geliştirme metodu olarak düzenlenmiştir. Kabala bir araç ve Kabala İlminin Gizli Bilgeliği bu aracı nasıl kullanacağımızı öğreten bir yöntemdir. Bu rehber, bu kadim bilimi günlük yaşantımıza uyarlamanın yanı sıra, Kabalanın temellerini öğrenmek için ihtiyacınız olan bilgiyi bize sunar.

Kaostan Ahenge

Kaostan Ahenge: Kabala İlmine Göre Küresel Krizin Çözümü, dünyanın bugün içinde bulunduğu endişe verici aşamasına yol açan unsurları açığa çıkarır.

Birçok araştırmacı ve bilim adamının hemfikir olduğu gibi, insanoğlunun sorunlarının kaynağı insan egosudur. Laitman'nın çığır açan yeni kitabı sadece insanlık tarihi boyunca tüm acıların kaynağı olan egonun ifşasını değil, aynı zamanda egolarımıza bağlı olarak, mutluluğa nasıl ulaşacağımızı ve sorunlarımızı nasıl fırsata dönüştüreceğimizi de açıklığa kavuşturur. Kitap iki bölümden oluşur. İlki, insan ruhunun analizi yaparak, ruhun nasıl egonun zehri olduğunu ortaya koyar. Bu kitap mutlu olmak için yapmamız gerekenlerin ve acıya sebep olduğu için kaçınmamız gerekenlerin bir haritasını çizer. Kitap boyunca Laitman'ın insanlık aşamasının analizi bilim kaynaklı veriler, çağdaş ve kadim Kabalistlerinden alınan örneklerle desteklenmiştir.

Kaostan Ahenge yeni bir varoluş aşamasına kolektif olarak yükselmemiz gerektiğini ve bu hedefi kişisel, sosyal, ulusal ve uluslararası seviyede nasıl başaracağımızı gösterir.

Niyetler

Derste otururken, sizinle beraber çalışanlar vasıtasıyla uyanan müşterek ruha bağlı olarak içsel değişimleri deneyimlersiniz. Herkes, siz de dahil, hepimizi birleştiren Kaynağa bağlanır... Beraber çalıştıkça hepimiz birbirimize bağlanmaya çalışırız. En önemli şey, herkesin aynı Kaynağa, aynı düşünceye bağlanmasıdır... Sadece bu güç bizi birbirimize bağlar.

Ruh ve Beden

Zamanın başlangıcından beri insan, varoluşun temel sorusuna cevap aramaktadır: Ben kimim, dünyanın ve benim var olmamızın sebebi ne, öldükten sonra bize ne oluyor? Hayatın anlamı ve amacı ile ilgili sorularımız, gündelik hayatın sınamaları ve acıları, küresel bir boyuta ulaştı – neden acı çekmek zorundayız? Bu sorulara cevap olmadığından, mümkün olan her yöne doğru araştırmalar yapılmaktadır.

Kadim inanç sistemleri, şimdilerde moda olan doğu öğretileri, bu arayışın bir parçasıdır. İnsanlık sürekli olarak varlığının akılcı kanıtını aramaktadır; insan binlerce yıldır doğanın kanunlarını araştırmaktadır.

Kabala bir bilim olarak bunun araştırılmasında bir yöntem öneriyor. Bu yöntem, insanın evrenin gizli olan bölümünü hissetme becerisini geliştirmesine olanak tanıyor. "Kabala" kelimesi "almak" demektir ve insanın en yüksek bilgiyi alma ve dünyayı doğru pencereden görme özlemini ifade eder.

Yarının Çocukları

Yarının Çocukları: 21. Yüzyılda Mutlu Çocuklar Yetiştirmenin Temel Esasları, siz ve çocuklarınız için yeni bir başlangıç olacaktır. Yeniden başlat düğmesine basabilmeyi ve bu sefer doğru olanı yapmayı hayal edin. Hiçbir mücadele, hiçbir sıkıntı ve en iyisi, hiçbir tahmin yok.

Büyük keşif şudur ki çocukları yetiştirmek, tamamen oyunlardan, onlarla oynamaktan, onlarla küçük yetişkinlermiş gibi ilişki kurmaktan ve tüm önemli kararları birlikte almaktan ibarettir. Çocuklara dostluk ve diğer insanların iyiliğini düşünmek gibi olumlu şeyleri öğretmekle, nasıl otomatik olarak günlük hayatınızın diğer alanlarını da etkilediğinizi görünce şaşıracaksınız.

Herhangi bir sayfayı açın ve orada, çocukların yaşamlarına ait her alana dair düşünceleri sorgulatan sözler bulacaksınız: ebeveyn – çocuk ilişkileri, dostluklar ve sürtüşmeler, okullar nasıl tasarlanır ve nasıl işler konusunda açık, net bir tablo. Bu kitap, her yerdeki tüm çocukların mutluluğunu amaç edinerek, çocukların nasıl yetiştirileceğine dair taze bir bakış açısı sunuyor.

Sonsuza Kadar Birlikte

Yani, eğer bir gün siz de kalbinizin derinlerinde, hafif bir "Şak!" hissederseniz, bilin ki şefkatli ve bilge bir sihirbaz size sesleniyor, çünkü sizin dostunuz olmak istiyor.

Ne de olsa, yalnız olmak çok üzücü olabilir.

İNTERNET AĞIMIZ

Ana sitemiz:

http://www.kabala.info.tr/

İlk internet sitemiz olup en temel dokümanların yayınlandığı portal sitemizdir. Kabala hakkında Türkçe olarak yayında olan dünyadaki en büyük doküman arşivi olarak kabul edilebilir.

Dr. Michael Laitman'ın Blog Sitesi:

http://laitman.info.tr/

Hocamız Dr. Michael Laitman'ın günlük derslerinden derlediği kısa makalelerinin yayınlandığı blog sitedir.

Bu blog sitesi şu an 19 dilde yayın yapmaktadır ve Türkiye'deki öğrenci ve dostlarımızın katkılarıyla site Türkçe olarak da yayınlanmaktadır.

Dr. Michael Laitman'ın Eğitim Sitesi:

http://michaellaitman.com/tr/

Bu sitede Dr. Michael Laitman'ın uluslararası kamuoyunda dile getirdiği güncel sorunlara yönelik sunumlarını ve bu konularla ilgili uzmanlarla yaptığı söyleşileri takip edebilirsiniz.

Dr. Laitman, eğitim metodoloji ve uygulamaları ile günümüzde eğitimin geçirdiği en sıkıntılı dönemlerde olumlu değişimi desteklemektedir. Eğitime yeni bir yaklaşım sunarak, bağımlı ve integral dünyada yaşamın gereklilikleri için eğitime yeni bir yaklaşım sunmaktadır.

ARI Enstitü Merkezi:

http://ariresearch.org/tr/

ARI Enstitüsü, kâr amacı olmayan bir organizasyon olarak kurulmuştur. Eğitim uygulamalarına, pozitif değişime yaratıcı fikirler ve çözümlerle, şimdiki neslimizin giderek daha çok ihtiyaç duyduğu eğitim konularına kendini adamış bir organizasyondur. ARI, entegre ve birbirine bağlı yeni dünya düzeninin ve kurallarının farkına varılmasını ve küresel yeni dünyada uygulanmasını yeni bir düşünce yaklaşımı olarak sunmaktadır. İletişim ağları, multimedya kaynak ve aktiviteleriyle, ARI uluslararası ve farklı akademik çalışma grupları arasında işbirliğini desteklemektedir.

Kabala İlmi Eğitim Sitemiz:

http://em.kabala.info.tr/

Bu site internet olanakları kullanılarak en geniş kapsamlı eğitimi insanlara sunmak için yapılmıştır. İnternet ortamında bulunan sınıflar ve dünyanın en geniş kapsamlı Kabalistik metinler kütüphanesi gibi hizmetler sunan Bney Baruh'un tüm çabası, sorularınıza cevaplar bulabileceğiniz ve içinde yaşadığımız dünyayı daha iyi anlayabilmenizi sağlayacak olan bir ortam yaratabilme üzerine yoğunlaşmaktadır. Tüm kurslar ücretsizdir.

Media Arşivi:

http://kabbalahmedia.info/

Bu sitemizde yıllardır işlenmekte olan tüm ders, çalıştay ve söyleşi programlarının video ve MP3 arşivine ücretsiz olarak ulaşabilirsiniz.

Kabala TV Sitesi:

http://kabalatv.info/

Her sabah 03:00 – 06:00 arası yapılan canlı dersleri bu sitenin ana sayfasından takip edebilirsiniz. Ayrıca bu sitede Bney Baruh Kabala Eğitim Merkezi'nin Türkçe dilinde düzenlediği tüm video arşivini inceleyebilirsiniz. Bu sitede ayrıca 24 saat canlı yayın yapan TV odası ve aynı zamanda belirli zamanlarda canlı yayın yapan Radyo odasına ulaşabilirsiniz.

Sviva Tova – İyi Çevre:

http://kabbalahgroup.info/internet/tr/

Bu sitede Bney Baruh dünya topluluğu ile ilgili günlük bildirimleri takip edebilirsiniz. Bu bildirimler sayesinde tüm etkinliklerimizden haberdar olup bu etkinliklere internet üzerinden dâhil olabilirsiniz.

Ari Film:

http://www.arifilms.tv/

Ari Film yapımcılarının Kabala İlmi hakkında gerçekleştirmiş oldukları tüm sinema ve video çalışmalarına bu site aracılığıyla ulaşabilirsiniz.

Kitap Sitemiz:

http://www.kabbalahbooks.info/

30 farklı dilde yayınlanmış tüm kitapları bu sitede inceleyebilirsiniz.

Müzik Sitemiz:

http://musicofkabbalah.com/

Her birimiz müziği farklı algılarız. İki kişinin aynı melodiyi nasıl algıladığını karşılaştırmak mümkün değildir. Kabala, ruhun ilmi, bu nedenden dolayı kişiye özeldir. Kabala ruhun tümüyle açılıp, yaratıldığı zaman içinde mevcut olan mutlak potansiyeline ulaşması için bir yoldur.

Bu sitede yer alan melodiler, çok büyük kabalistlerden biri olan Baal HaSulam ve geçmişteki Kabalistlerin yaptıkları bestelerin farklı değişimleriyle düzenlenmesinden oluşmuştur. Ziyaretçiler ayrıca müzik ve Kabala ile ilgili bazı materyallere bağlantı bulabilirler.

Sosyal Ağlar:

Tüm sosyal ağlarımızın kısa linklerine sitelerimize girerek ulaşabilirsiniz.

Katkı Sunun

Kabala İlmi bir grup çalışmasıdır. Dünya'nın birçok ülkesinde grupları bulunan Bney Baruh Kabala Eğitim Enstitüsü tüm faaliyetlerini öğrencilerinin gönüllü katkıları ile sürdürmektedir. Bu katkılar bireylerin niteliklerine göre değişmektedir. Sitemizde de incelediğiniz gibi Bney Baruh, prensipleri gereği, kullanılabilecek tüm Öğrenim Araçları ile Manevi Bilgi'yi öncesinde hiç bir ön koşul öne sürmeden tüm insanlığa ücretsiz olarak götürmeyi kendisine ilke edinmiştir.

Bu doğrultuda Manevi Dağıtıma katkı sunmak isteyenler **turkish@kabbalah.info** adresine yazarak Bney Baruh ile iletişime geçebilirler.

NOTLARIM

www.ingramcontent.com/pod-product-compliance
Lightning Source LLC
Chambersburg PA
CBHW071435080526
44587CB00014B/1861